J o h n   S m i t h

DIARIO DE A BORDO
DE UNA TRAVESÍA
ATLÁNTICA

Diario de a bordo de más de un mes de navegación sobre un catamarán que partió del sur de Francia pasando por las islas Baleares, Gibraltar, Casablanca, las Islas Canarias y luego el Océano Atlántico para llegar a Martinica en el Caribe Francés.

Una colección de información, sensaciones, consejos de viaje, recomendaciones y reflexiones. Una guía de los lugares visitados, curiosidades y anécdotas para aspirantes a "Cristóforos", marineros expertos, amantes de los viajes y la aventura o simplemente curiosos como yo.

DIARIO DE A BORDO DE UNA TRAVERSÍA ATLÁNTICA

PREFACIO

Soy John y en la vida me gusta explorar y experimentar. Soy veterinario y desde hace algunos años disfruto escribiendo. También soy instructor de buceo PADI y en el pasado he enseñado a niños, adultos y ancianos a usar una máscara y un regulador para ir a ver lo que hay debajo de la superficie del mar. Después de muchos años de mirar el mar desde abajo, decidí ir a ver lo que había más allá del horizonte.

Como es típico de los curiosos, soy un viajero y cuando puedo salgo con una mochila al hombro y una cámara sobre el hombro. Este texto es la historia de lo que pasó, lo que sentí y lo que aprendí cuando decidí hacer una travesía por el océano en un velero.

Cuando me propuse hacer una travesía del Atlántico en un velero, mucha gente me dijo que estaba loco, más aún si se tiene en cuenta que no tenía experiencia en barcos de vela. Aunque en realidad tal idea es menos temeraria e imprudente de lo que muchos creen, para mi gusto sentí que parte de la belleza residía en la misma locura de la idea en sí.

Escuchando las recomendaciones de todos mis amigos, que de repente se habían convertido en expertos en navegación y en los océanos, me embarqué en esta aventura, tal vez sin ser consciente de todos los riesgos que podría enfrentar, pero al menos alertado.

Aunque estaba listo para vivir una experiencia muy especial, en el momento de la partida no podía ni siquiera imaginar cuántas cosas en mi vida habrían cambiado después de haber hecho una travesía del Atlántico en velero.

Durante esas semanas mis conocidos cambiaron, así como muchas de mis viejas creencias, algunas de mis prioridades cambiaron y también mi forma de ver las cosas cambió.

Más simplemente se podría decir que durante una travesía por el Atlántico se cambia.

De esta increíble experiencia y de las sensaciones que sentí nació la idea de escribir este particular Libro de Registros. En ella he recogido todo lo que aprendí antes y durante la travesía, todo lo que ocurrió a bordo y también lejos de nuestro barco, todo lo que viví y sentí viviendo en un ambiente completamente diferente al que yo, como todos los que nunca han hecho tal experiencia, estaba acostumbrado.

El objetivo de este Diario de a Bordo es que todos sepan lo que es este tipo de experiencia en particular y lo que puede ofrecer, lo que necesitan saber y lo que deben esperar en caso de que intenten vivir una aventura similar o, si no tienen la oportunidad de embarcarse o no tienen el deseo de "mojarse", sólo sueñen con ello a través de mis anécdotas.

Hay muchas cosas que descubrirás y aprenderás día a día en este Diario. Aprenderás a evaluar el estado del mar y del viento, a dirigir un velero, a cocinar a bordo de forma sencilla y sabrosa, incluso si eres vegetariano como yo, e incluso a reconocer las especies de cetáceos que encontrarás en el mar. Sólo para nombrar algunas cosas. Lo que no encontrarás, sin embargo, son los cambios que puedes pasar cuando tienes una experiencia como la que yo tuve. Para tener una idea de estos cambios tendrás que vivirlos y para ello sólo tienes una opción: reservar una travesía por el Atlántico en un velero. En este texto también explicaré cómo hacerlo.

PREPARATIVOS PARA LA TRAVESÍA

Cruzar un océano con un velero no es algo fácil y sencillo. Cuando decides hacerlo, normalmente empiezas con una preparación mediante la cual adquieres habilidades, reúnes información y consigues el equipo adecuado.

Curiosamente, nuestra travesía comenzó con una larga serie de "después".

Pero empecemos por el principio.

En primer lugar, cuando decides embarcarte en una aventura así, tienes que preguntarte ¿por qué?

En este diario les contaré paso a paso mi preparación y mi travesía del Océano Atlántico en un catamarán y les diré mis razones para algunas elecciones, los cómo y los dóndes con la esperanza de que ayuden a las elecciones de aquellos que consideren hacer una experiencia similar.

Los protagonistas de este diario soy yo, el autor de este, y Giulia, mi compañera, junto con los demás miembros de la tripulación. A los dos nunca nos ha gustado navegar, aunque nos gusta viajar y nos gusta hacerlo de forma creativa. Se podría decir que no podemos quedarnos en casa por mucho tiempo y al mismo tiempo somos como alérgicos a las reservas hechas a través de las agencias de viajes. Siempre que decidimos salir, excluyendo cualquier vuelo, lo hacemos sin reservas y sin planes establecidos. Si es posible hacemos viajes con destinos y/o modos inusuales. Algunas personas dicen que nos encantan los viajes de aventura.

Teniendo en cuenta estos gustos nuestros, cualquier viaje muy diferente de los propuestos en los folletos publicitarios de los operadores turísticos en nosotros siempre despierta gran curiosidad e interés.

La idea nació después de que nuestro amigo Fabio, que oyó hablar de nuestra pasión por este tipo de viajes, nos contó sus experiencias en un barco de vela. Aunque no supiéramos nada sobre un mundo hecho de velas, viento y olas, sus historias estimularon inmediatamente nuestra curiosidad.

Después de ver nuestro interés, sugirió que echáramos un vistazo al sitio web www.crewbay.com donde se publican anuncios todos los días para reclutar tripulaciones de todo tipo. Lo interesante de este sitio es que, además de ofrecer muchos anuncios para cada tipo de calificación, es fácil encontrar anuncios interesantes incluso para aquellos que tienen poca o ninguna experiencia en barcos de vela, siempre y cuando ofrezcan su disponibilidad para hacer cualquier tipo de trabajo requerido a bordo. Al principio, Giulia y yo miramos esos anuncios, escépticos de que alguien pudiera ofrecer incluso un corto pasaje en un velero a aquellos que, como nosotros, no tenían experiencia.

Después de leer algunos anuncios nos dimos cuenta de que los propietarios de veleros que buscan tripulación generalmente ofrecen dos tipos de condiciones: si son marineros experimentados y/o los marineros pueden aspirar a un embarque a la par o incluso pago, si son inexpertos casi siempre tienen que considerar la idea de meter la mano en su cartera para ser aceptados a bordo. A pesar de ello, por razones económicas y para mantener el espíritu de los viajes aventureros y sin programas demasiado detallados como nos gusta, aunque conscientes de las limitadas posibilidades disponibles, optamos por considerar sólo los anuncios que ofrecían embarque sin pago. Tan esperanzados como conscientes de la difícil tarea que teníamos por delante, decididos y pacientes, continuamos hojeando los anuncios. Después de leer unos diez anuncios que describían barcos de cuento de hadas, mares remotos y experiencias aventureras, nuestra imaginación ya había adquirido prismáticos, mapas y una brújula y había decidido que nuestro próximo viaje sólo podía ser en un barco de vela. Sin embargo, para aspirar a tal viaje, estaba claro que tendríamos que resolver el problema de nuestra inexperiencia.

Dado que, por razones logísticas, prácticas y de tiempo no era el caso considerar la posibilidad de tomar un curso de navegación o de obtener una licencia, para remediar nuestro déficit acordamos que aumentaríamos nuestras posibilidades mostrando y subrayando nuestras habilidades en otros campos. Para ello elaboramos un Currículum Vitae adecuado a la situación particular y, como teníamos que vencer a una competencia más cualificada que nosotros, creamos un currículum muy diferente a los clásicos. Pasando algún tiempo en la computadora escribimos un CV, con el objetivo de convencer a un armador de nuestras cualidades, que sólo contenía información más o menos relevante para el mundo de la navegación, evitando el lenguaje del típico CV profesional. Cuando se elabora un currículum, con un objetivo como el nuestro, no hay que olvidar que no llegará al escritorio del gerente de una gran empresa multinacional, sino que será leído, la mayoría de las veces de forma rápida y distraída, por el propietario de un velero que es y sigue siendo un hombre de mar y por lo tanto práctico y apresurado. Para gente como esta, ciertas expresiones, clásicas en los currículos profesionales, como "tengo la habilidad de trabajar en equipo" deben ser evitadas porque probablemente sólo habrá dos de ustedes en un barco. Otras expresiones como "tengo grandes habilidades de comunicación" pueden ser útiles cuando tienes que izar una vela... ¿O "Soy un solucionador de problemas" cuando sólo se puede esperar la intervención de un especialista para arreglar una vela rota o arreglar un motor inundado?

Una vez que nos dimos cuenta de esta peculiaridad, teníamos mucho más claro lo que no había que poner en el CV que lo que había que poner. En cualquier caso, pusimos las manos en el teclado y rellenamos uno.

Hacer el de Giulia fue fácil. Ella pudo presumir no sólo de su certificado de Dive Master, sino también de un buen conocimiento de varios idiomas extranjeros que, para los que viajan, son siempre un valor añadido. Recopilar mi currículum vitae fue un poco más complicado. Naturalmente incluí que era un instructor de buceo PADI, consciente del hecho de que los que aman ir al mar no están necesariamente interesados en sus profundidades. Por esta razón, al no poder incluir nada realmente marinero en mi currículum, pensé que con un poco de imaginación debería mostrar algunas habilidades que me distinguieran de los demás. Cuando mi amigo Claudio Di Manao se enteró de esta dificultad mía, me dijo que durante una travesía que hizo hace años se dio cuenta de que en el ambiente náutico las habilidades culinarias de los italianos son muy apreciadas, independientemente de sus calificaciones. Sabiendo esto, también consideré que todo marinero después de haber izado las velas está seguramente muy hambriento. En ese momento, como italiano, me pregunté ¿por qué no explotar esta calidad italiana para satisfacer estas demandas? Después de haber hecho este razonamiento apareció en plena evidencia en mi currículum, mi habilidad para preparar carbonara única, para sazonar la pasta *all'amatriciana* como un torneo, para hacer *fettuccine* con setas *porcini*, para hornear pizzas y focacce increíbles y para inundar barcos enteros con el aroma de la *crostata* con la *marmellata*.

Aquí hay un breve resumen de la información incluida en nuestros CV:

JOHN -

Vive en Sharm El Sheikh, en el sur del Sinaí, Egipto
Veterinario y competente en biología marina.
Instructor de buceo PADI y guía de buceo, instructor EFR (Emergency First Response, Primeros auxilios)
Instructor de fotografía digital submarina, instructor de Nitrox.
Escritor de novelas y ensayos sobre salud y bienestar animal.
Cocinero experto en primeros platos, segundos platos y postres italianos.

GIULIA -

Vive en Sharm El Sheikh, en el sur del Sinaí, Egipto

Graduado en Lenguas Orientales

Habla italiano, holandés, inglés, español y árabe.

Profesora de italiano en el Instituto Cultural Italiano de El Cairo (Egipto)

Gerente de ventas en Holanda y Yemen

Dive Master PADI

Después de preparar los dos currículums pensamos que sólo llevándolos al mayor número posible de armadores podríamos tener interesantes posibilidades de embarque. En ese momento pensamos en hacer una promoción que tal vez debería llamarse spam.

Después de leer docenas y docenas de anuncios, vimos que, entre los muchos anuncios de salidas de fin de semana en barcos de pocos metros de largo, también había algunos que proponían largas travesías en grandes y cómodos veleros. Con un poco de presunción decidimos ir por lo último. Sabíamos que la empresa no sería fácil, pero en ese momento se decidió.

Tomados por la emoción de la idea de hacer una travesía por el océano, enviamos docenas de CV y luego esperábamos una respuesta.

Después de unos días recibimos un correo electrónico de un francés llamado Jean que buscaba una tripulación, aunque no fueran expertos, para ayudarle a navegar un catamarán, llamado Nirvana y de 60 pies de largo, desde el sur de Francia hasta Martinica en el Caribe con una salida prevista para principios de noviembre.

Después de leer todo el correo electrónico, primero hicimos una búsqueda en Google para saber cuántos metros eran 60 pies. Con unos pocos clics aprendimos que son poco más de 18 metros y que el sistema imperial es el estándar en el medio ambiente marino. En ese momento nos dimos cuenta de que, si queríamos encontrar un lugar de embarque, tendríamos que familiarizarnos con los pies y las millas lo antes posible.

TABLA DE CONVERSIÓN

del SISTEMA MÉTRICO DECIMAL al IMPERIAL

1 centímetro = 0,393701 pulgadas o pulgadas

1 metro = 3.28084 pies

1 kilómetro = 0,539957 millas náuticas

1 kilómetro = 0,621371 millas terrestres

del SISTEMA IMPERIAL al MÉTRICO DECIMAL

1 pulgada = 2,54 centímetros

1 pie = 0,3048 metros

1 milla náutica = 1.852 kilómetros

1 milla terrestre = 1.60934 kilómetros

Husmeando en Internet, descubrimos que muchos franceses con grandes veleros, después de pasar el verano en el Mar Mediterráneo, llevan sus barcos al Caribe y en particular a Martinica o Guadalupe. Estas dos islas del Caribe son el destino de estos cruces porque, aunque geográficamente pertenecen a América Central, como antiguas colonias, hoy en día como territorios de ultramar son verdaderas provincias francesas y forman parte de la comunidad europea con todas las simplificaciones burocráticas del caso. De octubre a enero, muchas personas realizan estas travesías desde el sur de Francia al Caribe, aprovechando los vientos alisios, vientos constantes que soplan de este a oeste. Esta ruta se llama la ruta del ron, por la típica bebida que se produce en el Caribe a partir de la caña de azúcar. En mayo, los cruces se hacen un poco más al norte en la dirección opuesta.

Como la navegación estaría estrechamente vinculada a la presencia de los vientos alisios, se nos dijo inmediatamente que la fecha de salida y la duración de la travesía no podían planificarse de antemano.

Después de conocer el programa de la travesía, a través de un intercambio de correos electrónicos llegamos a negociar el tipo de acuerdo propuesto para el embarque. Nos alegró saber que, a cambio de ayudar a preparar el barco y llevar a cabo las diversas tareas a bordo durante el viaje, se nos pidió que participáramos sólo en los costes de la cocina. En términos de navegación esto significaba que tendríamos que compartir el costo de los suministros de alimentos necesarios para la travesía.

Después de leer y releer el correo electrónico que habíamos intercambiado con Jean nos dimos cuenta de que esta podría ser nuestra oportunidad. Aunque éramos marineros inexpertos, estábamos dispuestos a hacer cualquier tipo de trabajo a bordo, incluso aplicar antiincrustantes bajo el casco o pulir el latón, y fuimos capaces de encontrar el viaje que buscábamos. Con no poca emoción enviamos nuestra membresía. En ese momento estábamos listos para hacer una travesía del Océano Atlántico en un catamarán de 18 metros. Aunque incrédulos, recibimos el visto bueno del armador después de un breve correo electrónico, pero no pudo darnos una fecha precisa para la salida. Aunque no sabíamos cuándo nos embarcaríamos, sabíamos que pronto nos embarcaríamos en un viaje que, de niños, pensábamos que sería una aventura tan fascinante como imposible.

En el momento de recibir ese correo electrónico todavía estábamos a más de dos meses de embarcar y esperar la fecha de salida no fue fácil.

Después de algunas semanas, al acercarse el período de presunta salida de mediados de noviembre, sin tener la confirmación de la fecha exacta varias veces nos llevó el desánimo y varias veces llegamos a pensar que la cosa no iría bien y que por lo tanto quedaría sólo como un sueño. Esta desagradable situación duró hasta que un día, en las páginas de crewbay.com, debajo del anuncio que Jean había publicado, aparecieron las palabras:

"*Gracias, estamos reuniendo a la tripulación*", lo que en italiano significaba que ya no buscaban más gente para la tripulación.

Después de una larga espera, la lectura de esas palabras trajo nuestro sueño de nuevo a la vida y el olor del océano inmediatamente entró en nuestras narices. Lo único que faltaba en ese momento era la fecha exacta de salida, alguna información sobre cómo se realizaría una travesía por el océano y un poco de equipo.

Para pasar el tiempo, empezamos a leer páginas web, libros y demás, tratando de imaginar lo que íbamos a encontrar y saber lo que podríamos necesitar durante la travesía. La experiencia de viajes anteriores y un poco de sentido común nos permitieron hacer una lista de cosas para tener en la mochila durante un viaje que, extraño y casi inconcebible hoy en día, nos mantendría alejados de las tiendas, las conexiones telefónicas e Internet durante unas semanas.

EQUIPO QUE SIEMPRE LLEVO EN MIS VIAJES DE MOCHILERO

- botiquín de primeros auxilios (para información más detallada leer más adelante)
- cuchillo multiuso (útil para enfrentar todo tipo de imprevistos)
- extensión del cable eléctrico (en los hoteles como en el B&B los enchufes eléctricos no siempre están donde deberían estar)
- múltiples tomas de corriente (hoy en día es normal tener que cargar el teléfono móvil, la cámara, las baterías recargables de la linterna u otras, todo junto)
- adaptador universal para enchufes eléctricos (alternativamente tendrá que informarse sobre el tipo de enchufes del lugar al que va)
- cucharita (insustituible si quieres disfrutar de un yogur o un postre fuera del restaurante)
- cuchillo de cocina (lo mismo que la cuchara, para mantenerlo limpio, útil para la fruta, etc.)
- linterna (para tenerla siempre en el bolsillo. Compruebe a menudo el estado de carga de las baterías o consiga una con recarga manual)

- candado (útil para evitar que alguien hurgue en su equipaje o entre en su habitación cuando usted no está allí)
- unos pocos metros de cuerda (útil para colgar la ropa lavada, para arreglar una puerta y más)
- GPS (para orientarse y saber lo que hay a su alrededor. Las aplicaciones gratuitas para teléfonos inteligentes con GPS son muy buenas. Las aplicaciones con mapas fuera de línea son preferibles, ya que no siempre se tiene una conexión de datos cuando se viaja)
- kit de costura con hilos, agujas y un par de tijeras
- espray antimosquitos (si tu destino de viaje está lleno de pequeños vampiros)

EQUIPO (que considero) ÚTILES EN EL BARCO

Teniendo en cuenta la particularidad del viaje y queriendo viajar lo más ligero posible de mi lista anterior consideré llevar sólo estas cosas en el barco:

- cuchillo multiusos;
- cable alargador eléctrico con conector. Evité llevar el adaptador sabiendo que a bordo habría un enchufe compatible;
- linterna, en este caso también traje una subacuática;
- smartphone con GPS, aunque muchos barcos tienen mapas digitales a bordo podría ser útil y agradable tener un navegador GPS con cartas náuticas. Desgraciadamente, no hay ninguno gratuito, pero en muchos casos se puede comprar a bajo precio sólo el mapa del tramo de mar por el que se navega;
- prismáticos, aunque se supone que un barco ya los tiene;
- aerosol antimosquitos, útil no tanto para el periodo en el barco como para el Caribe;
- protector solar de alta protección;
- Kit de costura con hilos, agujas y tijeras;

- una bolsa impermeable con cierre hermético para guardar cosas sensibles a la humedad;
- Botiquín de primeros auxilios. Como instructor de EFR he tenido muy en cuenta que en el mar no es posible acudir a un médico o a una farmacia, por lo que he preparado un botiquín para llevar a bordo con el que, si se tienen conocimientos de primeros auxilios, se puede hacer frente a muchos tipos de emergencia. Por supuesto, sin un médico no se pueden resolver las situaciones más graves, pero con algunos medicamentos y ayudas médicas se pueden estabilizar muchos problemas para evitar que se agraven y/o dar alivio al accidentado.

KIT DE PRIMEROS AUXILIOS

En la siguiente lista se han incluido algunos medicamentos con algunas indicaciones generales. Según los principios de los Primeros Auxilios su utilización está siempre desaconsejada si no está directamente prescrita por un médico. Sólo para la situación particular de una travesía oceánica, debido a las claras dificultades logísticas, se indica su uso, que en cualquier caso debe hacerse siempre con competencia y sólo cuando sea estrictamente necesario, respetando los consejos dados y la información del prospecto. Antes de cada administración es importante pedir siempre el consentimiento del herido y si conoce alguna intolerancia y/o alergia:

- guantes desechables como protección para realizar cualquier cura sin riesgo de contagio;

- algodón;

- vendas de gasa estériles;

- yesos adhesivos y yesos en aerosol;

- cinta adhesiva para vendajes;

- tijeras y pinzas;

- desinfectante como Betadine, clorhexidina o cloruro de benzalconio;

- peróxido de hidrógeno de 10 volúmenes (agua oxigenada);

- jeringas estériles desechables de 3 ml y 5 ml;

- termómetro digital (deben evitarse los viejos termómetros de cristal, ya que pueden romperse y liberar mercurio tóxico);

- tabletas de carbón vegetal, para problemas de gases en el intestino (meteorismo) y como coadyuvante en el tratamiento de la diarrea;

- anti-mareo, mareo en el coche o mareo en el aire en comprimidos o parches que se utilizarán según las indicaciones y sensibilidades personales;

- antibiótico de amplio espectro, (amoxicilina + ácido clavulánico: Augmentin® o equivalente) que se utilizará después del desinfectante para prevenir la infección de una herida o para otros tipos de infecciones;

- comprimidos y ampollas de cortisona, (prednisona: Deltacortene®) para utilizar en caso de reacciones alérgicas graves;

- crema de cortisona, para tratar el prurito provocado por las picaduras de insectos, los eritemas o las quemaduras solares graves;

- antibacteriano intestinal, (metronidazol: Flagil®; rifaximina: Normix®) para tratar la diarrea grave y persistente;

- comprimidos antidiarreicos, (lopermida: Imodium®, Dissenten®) para el tratamiento sintomático de la diarrea grave y persistente;

- fermentos lácticos, como coadyuvante en la terapia de la diarrea o el meteorismo;

- comprimidos antieméticos (contra los vómitos) e inyectables (metoclopramida: Plasil®), para tratar problemas gastroentéricos o como coadyuvante en la terapia del mareo;

- gotas o crema antimicótica, (clotrimazol: Canesten®; econazol: Pevaryl®) para el tratamiento de las infecciones fúngicas (también llamadas tiña o micosis) de la piel y el pie de atleta;

- crema anti-herpes, (aciclovir: Zovirax®) para tratar el efecto posterior del estrés momentáneo;

- comprimidos antihistamínicos, (cetirizina: Zirtec®; desloratadina; Aerius®) para tratar reacciones alérgicas conocidas o repentinas. Recuerde que pueden inducir a la somnolencia;

- comprimidos e inyectables antiinflamatorios, (ibuprofeno: Moment®, Nurofen®; ketoprofeno: Oki®; ácido acetilsalicílico: Aspirina®) para tratar la fiebre, dolores de diversa índole como el de muelas o como antiinflamatorio.

 **NOTA IMPORTANTE**

Todos los medicamentos indicados deben tomarse sólo cuando sean realmente necesarios. Antes de tomarlos, lea atentamente todo el prospecto para conocer los efectos secundarios, los efectos indeseables y las contraindicaciones. Siga cuidadosamente las instrucciones relativas a la dosis, el método y la vía de administración.

Tras una larga espera, a principios de octubre llegó el correo electrónico con la fecha de salida. En realidad, sólo recibimos la indicación de que saldríamos a mediados de noviembre del puerto de Canet en Roussillon, un pequeño puerto del suroeste de Francia no muy lejos de Perpignan y de la frontera española. En el mismo correo electrónico también se nos pedía que fuéramos una semana antes para conocernos, familiarizarnos con el barco y ayudar al propietario a realizar algunos trabajos de mantenimiento en el catamarán que en ese momento estaba parado en un astillero para una revisión general que en términos marineros se llama dique seco.

Tras esta larga introducción en la que se explican los antecedentes y la preparación para el embarque, este diario continuará como un auténtico Diario de a Bordo.

28

Antes de cada publicación diaria se han incluido datos que ayudarán al lector a entender en qué situación se encuentra, el tiempo y la ubicación.

Ejemplo:

1) Domingo, 4 de diciembre de 2016.-

2) Nuboso a lluvioso en ocasiones

3) Día nº9

4) Localización: Casablanca (Marruecos)

5) Posición: Latitud N 33° 42' 23" o N 33.7154

Longitud W 7° 23' 44" o W -7,3865

1) Fecha y día de la semana

2) Situación meteorológica

3) Días de navegación

4) Nombre del lugar

5) Coordenadas geográficas, utilizadas para indicar la posición diaria, algunos días se expresarán en grados decimales DD (por ejemplo, N 31.4256) en este caso para la longitud se proporcionan valores negativos si está al oeste de Greenwich mientras que otros días se expresarán en grados minutos segundos DMS (por ejemplo, N 33° 42' 23") en este caso para la longitud se proporciona la indicación O o W (Oeste u Occidental) si está al oeste de Greenwich.

 **NOTA**

Mucha de la información incluida en este cuaderno de bitácora ha sido recopilada de la voz de experimentados navegantes y viajeros, de publicaciones y sitios como Wikipedia. Por esta razón, los datos incluidos deben considerarse publicados sólo con fines informativos. Quien quiera tratar estos mismos temas de forma profesional y más profunda, debe ponerse en contacto con un club náutico donde hagan cursos de vela, con una capitanía de puerto o hacer un curso para obtener la licencia.

Durante una travesía del Atlántico, a no ser que se disponga de una costosa conexión por satélite, no hay forma de conectarse a Internet y, por tanto, de buscar información diversa. Sabiendo esto he encontrado una solución parcial que permite tener disponible mucha información también cuando estás desconectado. Instalando en un PC o en un smartphone el programa o la aplicación "KIWIX" es posible descargar todo el archivo de Wikipedia para tenerlo con uno en cualquier parte del mundo. Al instalarlo se puede elegir en qué idioma se quiere tener el archivo y si se quiere o no los contenidos multimedia.

En el segundo caso se debe tener paciencia porque el archivo a descargar es mayor a unos diez gigabytes. Por supuesto, se recomienda iniciar el procedimiento de descarga con un wifi muy rápido.

Diario de a Bordo

Octubre de 2016.-

Días x en el embarque

Localización: Sharm El Sheikh (Egipto)

Posición: Latitud - N 27° 54'

Longitud - E 34° 28'

Al vivir en Sharm El Sheikh, en Egipto, para llegar al puerto desde el que partiríamos al sur de Francia tuvimos que planificar una complicada serie de vuelos y otros traslados. El primer vuelo desde Sharm El Sheikh, con escala en El Cairo, nos llevó a Roma.

Antes de irnos, recibimos buenos deseos y buena suerte de todos nuestros amigos, así como muchas, muchas preguntas sobre cómo se nos ocurrió hacer algo así y de dónde sacamos el valor para hacerlo. Muchos confesaron su (sana) envidia. Sólo quedaba hacer las maletas y marcharse. Por supuesto, para un viaje en velero no es posible utilizar un equipaje rígido como puede ser una maleta de resina, porque los veleros tienen pocos armarios, a menudo de pequeño tamaño. Por eso tuvimos que meter en la misma mochila la ropa pesada para la parada en Francia y la primera parte de la navegación junto con todo lo que necesitaríamos para la travesía y la parada en el Caribe con clima tropical.

Lo difícil no era hacer el equipaje, sino renunciar a las cosas imprescindibles que era imposible meter en la mochila. A pesar de los límites de peso y volumen del equipaje, además de la ropa, los trajes, las cámaras y las cosas indicadas en la lista de lo realmente imprescindible, no quisimos renunciar a un par de aletas, una máscara y un pantalón. Los que viven en Sharm El Sheikh difícilmente pueden alejarse del agua durante mucho tiempo.

Sólo cuando conseguimos atar los cordones de nuestras mochilas nos dimos cuenta de que nuestra aventura comenzaba. Estábamos sudados por el calor y por el esfuerzo realizado para preparar nuestro equipaje, pero creo que, con la idea de que pronto estaríamos en un catamarán con la proa puesta en el Caribe, probablemente sudaríamos incluso estando parados, aunque todavía faltaran muchas semanas para el embarque.

Octubre de 2016.-

Días x al embarque

Localización: Aprilia LT Italia

Posición: Latitud N 41.5972

Longitud E 12.6537

Durante la escala en Italia, Giulia y yo aprovechamos para saludar a familiares y amigos. También compramos queso italiano, setas secas y levadura de cerveza liofilizada. Los dos primeros se compraron porque parece que los capitanes de barco aprecian mucho el regalo de una buena comida cuando te subes a su barco. La levadura la compramos porque en medio del océano no habrá hornos y aunque aún no sabemos si habrá un horno adecuado para hacer pan o pizza en el barco, la compramos "por si acaso".

En aquellos días también reservamos el billete de avión que desde Roma nos llevaría a Barcelona, que es la ciudad más cercana a Canet en Roussillon por tener un aeropuerto internacional. Desde allí tendríamos que recorrer la distancia de unos 200 km en autobús para llegar al puerto de Canet.

Durante nuestra estancia en Italia, recibimos un correo electrónico de Jean en el que nos informaba de que, debido a problemas logísticos, la salida se pospondría unos días, por lo que en lugar de a principios de noviembre podíamos llegar justo antes de mediados de mes. También nos informó de que los otros miembros de la tripulación serían un patrón profesional italiano, Roby, una chica inglesa, Acacia, y una Señora ítalo-húngara, Susanna. También nos anunció que un muchacho español abordaría en Gibraltar.

La tripulación estaba completa. Seríamos siete, quizá incluso ocho porque Lucie, la compañera de Jean, aún no había confirmado si venía con nosotros.

No cabe duda de que cuando leí la lista de la tripulación y vi mi nombre empecé a sentirme como un marinero. Sabía que aún quedaba mucho por hacer y aprender, pero el primer paso estaba dado. Ahora sólo faltaban los demás.

Noviembre de 2016.-

Días x en el embarque

Localización: Barcelona

Posición: Latitud N 41.3751

           Longitud E - 2.1697

Cuando Jean nos informó del aplazamiento de nuestra salida unos días, ya habíamos comprado nuestros billetes a Barcelona.

Ante la situación creada, aprovechamos para hacer unas pequeñas vacaciones en la ciudad catalana. Por la misma razón en Barcelona conocimos a Roby y Susanna con quienes acordamos hacer juntos el viaje en autobús para llegar a Canet.

Por supuesto, empezar una travesía del Atlántico cogiendo aviones, coches, taxis y autobuses puede parecer extraño en cierto modo, pero resulta que Canet en Roussillon es una ciudad del sur de Francia.

Al principio pensé que esto añadía encanto a la aventura, pero, una vez organizados y efectuados esos viajes finalmente fueron incómodos y agotadores.

Afortunadamente, mañana terminaremos nuestro viaje por tierra.

Jueves, 10 de noviembre de 2016.-

Tiempo soleado

Días x en el embarque

Localización: Canet en Roussillon, suroeste de Francia

Posición: Latitud - 42.7078 N 42° 42' 28"

Longitud - 3.0263 E 3° 1' 47"

Después de muchas vueltas y muchos kilómetros finalmente lo logramos. Hoy por la tarde, después de haber salido de Barcelona, antes con un taxi, luego con un autobús de cercanías, después todavía con un autobús urbano y al final después de un paseo de casi un kilómetro con el peso de todas las maletas sobre los hombros, hemos conseguido satisfacer nuestra curiosidad. Después de dar la vuelta, detrás de unos juncos estaba nuestro catamarán, el Nirvana, el barco que nos llevaría a través del Océano Atlántico hasta el Caribe. Y todos nos quedamos asombrados. Sinceramente, no era lo que esperábamos.

Una vaca la imaginas en medio de un prado, un pájaro lo imaginas en el cielo y un barco, si no en medio del océano, al menos lo imaginas en el agua. Nuestro catamarán, en cambio, estaba lejos del agua y, a decir verdad, también de la tierra, ya que se encontraba sobre cuatro soportes en el patio de un astillero de Canet. Nadie había pensado en ello, pero si estaba allí para

38

hacer mantenimiento no podíamos sino encontrarlo en lo que parecían ser zancos que elevaban todo el catamarán un par de metros.

Subimos por una desvencijada escalera hasta la popa del barco y fuimos recibidos por la amabilidad de Lucie y la sonrisa de Acacia, que se presentó como Kesie, como la llaman todos. Jean no estaba a bordo en el momento de nuestra llegada. Sólo se uniría a nosotros después de unos días por compromisos de trabajo.

Nada más entrar en el barco nos emocionamos al ver el lugar, no muy grande, donde pasaríamos muchas semanas juntos.

Tras las presentaciones, hicimos un pequeño recorrido para conocer las distintas zonas del Nirvana, un catamarán modelo Eleuthera 60 del astillero Fountaine Pajot, con un peso de 6,7 toneladas en vacío, unas 18 toneladas cuando navega, y con un mástil de 24 metros. Nuestro catamarán tiene cuatro cabinas, dos por cada barcaza, una en proa y otra en popa, todas con baño privado y en el centro tiene un gran comedor. Con acceso desde el exterior hay otra cabaña con su baño. Este último es lo que se conoce como el camarote del patrón, que en esta ocasión se ha transformado en un almacén para la cocina.

A Giulia y a mí nos han asignado el camarote de proa del casco de babor. A primera vista, nuestro camarote no parecía enorme, pero tiene una cama doble, un gran ojo de buey que da al exterior y otro más pequeño al otro lado desde el que se puede ver la otra góndola del catamarán. En el techo, a poco más de dos metros de altura, hay otro gran ojo de buey. Su tamaño es tal que se puede salir trepando desde la cama. Es la llamada vía de escape en caso de problemas, de grandes problemas para el barco, que tal vez es mejor ni pensar. Lo que sí es agradable es pensar en el cielo que el ojo de buey te permite ver cuando estás tumbado en la cama. Agradable y tranquilizador dado el bajo techo y las estrechas paredes de la cabina.

Si quieres plantearte un viaje así prepárate para afrontar una estancia en espacios limitados, muy limitados, y si sabes que sufres de claustrofobia la preparación tendrá que ser la adecuada.

Después de colocar el equipaje bajo la cama, quise echar un vistazo al exterior del catamarán. También para tomar aire fresco.

Cada una de las dos quillas mide 18 metros de largo y algo más de 2 metros de ancho. La anchura total del catamarán es de 9 metros. Pasando por debajo de la parte central del casco parece entrar en un gran garaje. Viéndolo desde ese ángulo parecía realmente grande y tuve la sensación de que en ese catamarán podríamos cruzar con orgullo cualquier tipo de océano. Cuando me alejé para ver el Nirvana desde la distancia me di cuenta de que a pocos metros había otro catamarán. También se aparca en el patio sobre zancos. Era diferente a la nuestra. Era enorme. Para verlo mejor y compararlo con el nuestro, me alejé unos metros más de los dos barcos. Alternando mi mirada primero en un barco y luego en el otro, la comparación fue despiadada. Nuestro catamarán era grande, pero el otro era mucho más grande.

Mirando a mi alrededor, vi otro que salía de detrás del gran catamarán. Si este último era grande, el otro era mucho más grande. Casi parecían dos transbordadores uno al lado del otro.

Esa imagen me hizo reflexionar porque lo que tenía delante podía ser una metáfora de la vida. A veces nos comprometemos y nos esforzamos no sólo por tener algo, sino por tenerlo a lo grande, quizá mucho más grande y quizá más caro que lo que tienen los demás. En este empeño, muchos no sólo se olvidan de disfrutar de lo que tienen, sino que olvidan aún más que, aunque consigan tener un barco muy grande, tarde o temprano alguien podría amarrar junto a él un catamarán tan grande como dos transbordadores uno al lado del otro en una competición interminable sin ganadores.

Viernes, 11 de noviembre de 2016.-

Tiempo soleado

Días x en el embarque

Localización: Canet en Roussillon, suroeste de Francia

Posición: Latitud - 42.7078 N 42° 42' 28"

Longitud - 3.0263 E 3° 1' 47"

Anoche, cuando llegamos a Canet, no nos dimos cuenta inmediatamente de que un barco parado en un astillero no puede funcionar de la misma manera que un barco en el agua. Las dos situaciones son aparentemente similares, pero en realidad presentan una gran diferencia que descubrimos antes de irnos a dormir: en un barco parado en el patio de un astillero, no se pueden utilizar los aseos de a bordo porque éstos eliminan directamente bajo la quilla. Esto nos obligó a utilizar los aseos del astillero, que están a más de cien metros de distancia, con todos los inconvenientes que ello conlleva. Por la mañana, mientras esperábamos la salida, hicimos una primera revisión del barco para ver qué había que arreglar. Según la experiencia de Roby, tras un rápido vistazo, las cosas que necesitaban mantenimiento parecían ser muchas.

Por la tarde, lo primero que hicimos fue ayudar a Lucie a limpiar los cascos de los animales incrustados. Estos, pertenecientes a diferentes especies como dientes de perro (Semibalanus balanoides, Chthamalus stellatus etc. y también llamados bellotas de mar), algas de varias especies, percebes, ascidias y otros animales, crecen durante la inmersión del casco en el mar. Estos organismos incrustantes se adhieren tan fuertemente a los cascos que requieren el uso de espátulas y cepillos metálicos y mucha fuerza y sudor para eliminarlos. Si se dejan adheridos, reducen el rendimiento hidrodinámico del casco. A la limpieza de todas las partes sumergidas le seguirá en los próximos días la aplicación de un producto anti-algas llamado antifouling.

Con el trabajo de hoy podemos decir que nuestro billete para la travesía ha comenzado. Ciertamente es agotador, pero empezar a preparar nuestro barco para nuestro viaje ha sido muy emocionante.

Sábado, 12 de noviembre de 2016.-

Tiempo frío, pero soleado

Días x en el embarque

Localización: Canet en Roussillon, suroeste de Francia

Posición: Latitud - 42.7078 N 42° 42' 28"

Longitud - 3.0263 E 3° 1' 47"

Hoy, en previsión de hacer las primeras compras para la cocina, hemos inspeccionado todos los huecos (espacios obtenidos en todos los compartimentos disponibles, como debajo de los bancos, utilizados para guardar la cocina o el equipo de a bordo) del barco para comprobar el estado de conservación de los víveres que ya están a bordo, probablemente sobrantes de anteriores travesías. Cuando se hacen viajes largos en un velero, es normal que se hagan provisiones abundantes para poder afrontar sin ansiedad percances que puedan alargar el tiempo de viaje previsto. Sin embargo, si los suministros restantes se dejan en el fondo de las taquillas, en poco tiempo se corre el riesgo de tener verdaderas piezas de museo (malolientes) a bordo. Por eso, antes de hacer nuevas compras contamos lo que ya había a bordo y comprobamos sus fechas de caducidad.

Calcular cuánta comida y cuánta agua hay que beber para un viaje largo, durante el cual no es posible reabastecerse, no es nada fácil. Para tratar de hacer una

44

compra racional que no corra el riesgo de dejar hambrientos o peor sedientos a bordo sin exagerar para evitar tener la cocina llena de mala comida debimos tener en cuenta diferentes cosas. En situaciones como ésta, recomiendo no hacer los cálculos mentalmente, ya que pueden ser complejos. Por eso, lápiz y papel en mano, lo primero que hicimos fue calcular las necesidades de toda la travesía. Hacer este cálculo era la parte más fácil de hacer el aprovisionamiento porque bastaba con multiplicar el número de personas a bordo por los días previstos de la travesía a los que había que añadir una semana como margen de seguridad.

En nuestro caso el cálculo, que puede servir de ejemplo a otros, fue:

7 (personas) X 42 (días equivalentes a 5 semanas de travesía más una semana de margen) = 294

De este cálculo deducimos que a bordo debe haber unas 600 comidas (300 almuerzos y 300 cenas) y unos 300 desayunos.

En lo que respecta al agua para beber, se debe considerar que al menos un litro y medio al día por persona es la media entre las necesidades de los periodos de frío y de calor. En nuestro caso los cálculos han sido:

7 x 42 x 1,5 = unos 450 litros de agua potable o unos 50 packs de 6 botellas de 1,5 litros de agua potable. A esta

agua le añadimos también leche. En este caso los cálculos fueron: 0,2 (equivalente a 200 ml de una taza de desayuno) x 7 x 42 = unos 60 litros de leche de larga duración a los que añadimos otros 10 litros para cocinar pasteles, cremas, etc. A todo esto, decidimos añadir 2 paquetes de 6 de varios tipos de refrescos con gas, 3 paquetes de 12 de latas de medio litro de cerveza y media docena de botellas de zumo de frutas, para cuando nos quedemos sin fruta fresca a bordo, y unas diez botellas de vino.

¿Teníais miedo? Lo hicimos. Cuando vimos salir esas cifras de los cálculos, que antes nadie imaginaba, nos asustamos.

Antes de ir a comprar tuvimos que hacer otra evaluación relacionada con el almacenamiento de alimentos. Es fácil ver que es inútil abastecerse de ensalada para toda una travesía de 5 semanas si la ensalada tiene una vida útil máxima de una semana. Por este motivo, tras escuchar los gustos alimentarios de cada uno, la lista de la compra se dividió primero en productos no alimentarios, como papel de cocina, papel higiénico, bolsas de basura, jabones diversos, etc., y productos alimentarios de larga duración, como pasta, arroz, sal, azúcar, leche de larga duración, agua potable, harina, quesos curados, vino, cerveza, puré de tomate, galletas dulces, galletas saladas, latas diversas, etc. Pudimos abastecernos inmediatamente de todos estos productos. En el caso de los productos que tienen una fecha de caducidad corta, como el yogur, el pan o similares, el queso fresco, la fruta y la verdura, sólo pudimos aprovisionarnos para su conservación, confiando en que durante el viaje tendremos la oportunidad de hacer otras compras en los puertos en los que están previstas paradas.

Tras evaluar los métodos de compra, utilizamos el sistema de porciones de cada envase para calcular las cantidades necesarias. Por ejemplo, con un paquete de pasta de un kilo se pueden preparar unas 10 raciones. Siguiendo este procedimiento, como mínimo, deberías poder cubrir las necesidades calculadas anteriormente para las comidas, cenas y desayunos. Por supuesto, en estos cálculos no se incluyen los envases de Nutella, las barritas de chocolate, los frutos secos, las galletas rellenas, los productos salados y, en nuestro caso, teniendo en cuenta las fechas de nuestra travesía, el *panettone* y el turrón que servirían para satisfacer los antojos fuera de la comida.

Después de muchos cálculos y discusiones, porque cada uno tiene su propia manera de ver las cosas cuando se trata de la comida, al final hicimos una compra que llenó cinco carritos desbordados con las dificultades de transporte que ello conlleva hasta el barco. A pesar del esfuerzo realizado para comprar la montaña de cosas que compramos y ponerla en el catamarán ya habíamos calculado que justo antes de partir deberíamos dedicar otro día organizar las provisiones.

Sólo por la noche nos dimos cuenta del esfuerzo realizado y sólo ahora que cada rincón disponible del barco está lleno de comida y mucho más, nos estamos dando cuenta de que nuestro catamarán está tomando la apariencia de un barco para largas travesías oceánicas.

Domingo, 13 de noviembre de 2016.-

Nublado con chubascos intermitentes alternando con claros

Días x en el embarque

Localización: Canet en Roussillon, suroeste de Francia

Posición: Latitud - 42.7078 N 42° 42' 28"

 Longitud - 3.0263 E 3° 1' 47"

Por la mañana, Roby y yo nos dedicamos a algunas pequeñas tareas de control y mantenimiento del barco. Viviendo allí durante unos días descubrimos muchas cosas que arreglar. Hoy se ha dado prioridad a la puerta delantera del comedor. Hasta ahora cada vez que queríamos abrirla o cerrarla teníamos que arrastrarla con fuerza. Después de un par de horas de trabajo, finalmente descubrimos que las ruedas sobre las que se desplaza están desgastadas y necesitan ser reemplazadas. Cuando analizamos las ruedas, quedó claro que la puerta estaba en ese estado debido a una larga falta de mantenimiento. Si todo el barco está así, saldremos en las peores condiciones para afrontar una travesía. Por eso, junto con Roby, decidimos que íbamos a revisar poco a poco todos los sistemas y muebles a bordo. Como no teníamos las piezas de repuesto para la puerta, pospusimos el final del trabajo hasta que pudiéramos conseguirlas.

Por la tarde instalamos una nueva toma de agua para refrigerar los frigoríficos y el aire acondicionado. Para ello fue necesario perforar agujeros en el casco para instalar un puerto de entrada y la válvula asociada. No hace falta decir que ver perforada la quilla de nuestro catamarán con el que cruzaríamos el océano Atlántico, aunque se hiciera correctamente, me producía cierta ansiedad. Esto me hizo mantener los ojos fijos en quien estaba haciendo el trabajo para observar todos sus movimientos. En ese momento, por primera vez, me di cuenta de lo que íbamos a hacer en poco tiempo y de los riesgos relativos que tendríamos que afrontar.

Aparentemente, en la vida, ciertas situaciones críticas no pueden ser imaginadas a menos que estén directamente frente a tus ojos.

Antes de la noche, tras descubrir que el barco está equipado con un horno de gas normal y funcional, amasé un poco de harina con la levadura liofilizada que había traído. Si sale bien, tendremos la oportunidad de comer pan caliente y crujiente durante todo el viaje y quizás incluso alguna pizza humeante.

Lunes, 14 de noviembre de 2016.-

Nublado, con viento frío

Días x en el embarque

Localización: Canet en Roussillon, suroeste de Francia

Posición: Latitud - 42.7078 N 42° 42' 28"

Longitud - 3.0263 E 3° 1' 47"

Con la firme sospecha de que nuestro barco no ha recibido el mantenimiento regular y meticuloso que necesitaría cualquier embarcación que fuera a realizar una travesía del Atlántico, hoy Roby y yo decidimos que íbamos a revisar todo el Nirvana. Por la mañana, inspeccionamos y arreglamos el sistema de agua dulce y la descarga de un inodoro. Para arreglar lo primero bastó con descender en rappel al interior de un estrecho armario en la popa para cambiar una manguera de alta presión desgastada. El trabajo en sí no era difícil. Lo difícil era estar tumbado en un espacio que apenas te permitía respirar. Como ya se ha dicho, vivir y trabajar en un barco no es adecuado para quienes sufren de claustrofobia.

En cuanto al baño, a pesar de las horas que pasamos por la tarde en él, no pudimos averiguar qué tipo de problema impedía que el desagüe funcionara. Hoy sólo hemos conseguido entender que el problema no es hidráulico y probablemente ni siquiera se deba a la bomba giratoria situada bajo el inodoro. Esperemos tener más suerte mañana cuando comprobemos también los demás componentes del sistema. Teniendo en cuenta lo que vamos a tener que hacer, me he dado cuenta de que, en un barco, sobre todo si vas a estar muchos días en el mar, es bueno tener amplios conocimientos técnicos y una buena mano para las reparaciones para evitar problemas más o menos graves. Tras la decepción de las refacciones fallidas, por suerte hubo una buena noticia: la masa puesta a levar ayer había levado muy bien. En el almuerzo pudimos comer una sabrosa *focaccia* con aceite, sal y romero. Esto significa que durante la travesía no tendremos que renunciar a tales manjares y además utilizando el mismo tipo de masa podremos tener un buen pan fresco durante la travesía. Estando en un barco estas noticias no son de poco valor para el estómago y para la moral.

Así es como preparo una *focaccia* sencilla y sabrosa, similar a la que se vende en las panaderías de Roma.

Esta es la primera de una serie de recetas que quería incluir en este Diario. Cada receta es una versión personal probada por mí. Todas las recetas tienen las características de ser rápidas de preparar (excluyendo la levadura), sencillas de ejecutar e incluyen ingredientes fáciles y duraderos y, por tanto, adecuados para un largo viaje en barco.

FOCACCIA CON ACEITE, SAL Y ROMERO

Ingredientes para 4 personas

400 g de harina,

15 g de levadura de cerveza,

agua,

aceite de oliva,

un puñado de hojas de romero,

una pizca de sal fina y un poco de sal gruesa al gusto.

Preparación:

En primer lugar, reviva la levadura de cerveza en un vaso con agua tibia (unos 30°-35°) y espere unos quince minutos. Mientras tanto ponga la harina en un bol y cuando la levadura esté lista viértala sobre la harina añadiendo un poco más de agua y sal fina.

Amasar la masa añadiendo agua hasta que se convierta en una masa suave y elástica. Ponerlo a fermentar en un lugar cálido durante 5 o 6 horas. Cuando la masa haya subido, extiéndala con las manos en una bandeja de horno enharinada de forma que tenga un dedo de altura. Verter el aceite sobre la masa junto con el romero y la sal distribuyendo todo uniformemente. Hornear durante una media hora a 220°. Ahora sólo queda disfrutar de tu pizza blanca con romero para comer así o rellena por dentro según los gustos.

Martes, 15 de noviembre de 2016.-

Tiempo típico de invierno con vientos helados y chubascos intermitentes

Días x en el embarque

Localización: Canet en Roussillon, suroeste de Francia

Posición: Latitud - 42.7078 N 42° 42' 28"

Longitud - 3.0263 E 3° 1' 47"

Hoy hemos reanudado nuestros intentos de reparar el baño. Después de muchos improperios y de haber pensado varias veces que al final no íbamos a poder resolver el problema, con asombro y satisfacción lo hicimos. El baño que antes estaba roto vuelve a funcionar. Lo increíble no fue poder repararlo, sino cómo lo hicimos. En la práctica, tras mil pruebas y ensayos de cables eléctricos, interruptores y relés, lo único que tuvimos que hacer para que el baño funcionara fue modificar el esquema eléctrico original.

Parece que a veces las reparaciones requieren no sólo conocimientos técnicos, las herramientas adecuadas y una buena destreza manual, sino también una buena dosis de imaginación y quizás de suerte. Tal vez estemos ante uno de los misterios del ámbito marítimo.

Después de la cena, Roby, a pesar de no haber realizado nunca una travesía del Atlántico y, por tanto, en cierto modo aprensivo como todos nosotros, como experto patrón nos habló de algunas normas importantes de comportamiento a bordo cuyo respeto, durante una travesía del Atlántico, se convierte en algo vital.

Al navegar, el mayor riesgo es caer por la borda. En estos casos, recuperar a una persona nunca es una operación fácil. Si hay olas altas, como las que hay en el océano, la operación de localización de un hombre por la borda se hace realmente difícil, mucho más si ocurre de noche y prácticamente imposible si la alarma se da tarde. Por ello, la prevención es fundamental. Durante el día, y más aún por la noche, será aconsejable salir al exterior de a dos. Es en vano decir que todo movimiento que se haga cerca del agua debe hacerse siempre con extrema precaución. En la práctica, se debe aprender a soltar la mano a la que te agarras sólo cuando la otra ya se ha agarrado al siguiente asidero. Por supuesto, está prohibido correr o saltar durante este tipo de movimiento.

Para evitar caídas accidentales y arriesgadas al mar durante la noche, aunque estés sentado detrás del timón, Roby nos ha aconsejado encarecidamente que nos atemos al barco con el arnés especial y la línea de vida, aunque seamos dos. Obligatorio si se está solo. En situaciones como ésta, en el desafortunado caso de una caída al mar, es esencial tener una linterna subacuática, un silbato y, mejor aún, una EPIRB (Emergency

Position-Indicating Radio Beacon; una baliza de radio capaz de señalar la posición por comunicación vía satélite) atada a la chaqueta para ser localizado en el agua incluso en presencia de olas muy altas.

Caer por la borda es una de las cosas más dramáticas que pueden ocurrir cuando se está en un barco. En estos casos, la rapidez con la que se da la alarma y la reacción inmediata de los que están a bordo es fundamental. Ante tales eventos, al igual que en las intervenciones de Primeros Auxilios, la secuencia de cosas a hacer nunca debe ser improvisada, sino que debe ser estudiada y aprendida de memoria para, en caso de emergencia, reaccionar sin tener que pensar:

QUÉ HACER en caso de HOMBRE AL AGUA

- Si la embarcación está equipada con un navegador GPS, pulse el botón que almacena el punto de caída al mar - Esta instrumentación se suministra ahora incluso en las embarcaciones más pequeñas. Para su correcta utilización es importante conocer su funcionamiento. Por este motivo, cuando suba a un barco, si el propietario se olvida de hacerlo, pregunte siempre por él haciendo que le muestre toda la operación.

- Se lanza la boya salvavidas con un cabo: la boya salvavidas es uno de los equipos de seguridad obligatorios de toda embarcación. A menudo se dispone de más de un salvavidas en una embarcación grande, por lo que, si necesita lanzar más de uno, láncelos al hombre al agua. Si sabe de dónde viene el viento, téngalo en cuenta para que empuje el anillo salvavidas hacia el hombre al agua. En situaciones como ésta, nunca hay que dejarse llevar por el impulso de lanzarse al agua para ayudar a alguien en el mar. Hacerlo no sólo es inútil, si en ese momento no hay nadie más en el barco, sino que convierte la situación en una verdadera tragedia. Es fundamental que el rescatador en esos momentos permanezca frío y operativo en el barco.

- Si no está solo en el barco, dé la alarma general gritando varias veces "¡Hombre al agua!". Esta alarma se puede dar inmediatamente después de notar que una persona ha caído al agua, repitiéndola varias veces mientras se almacena la posición GPS y se lanza el aro salvavidas. Si no está solo a bordo, haga que una persona siga al hombre por la borda a la vista. Si es posible, haz que se ponga en posición elevada.

- En este momento, la persona a bordo debe iniciar inmediatamente las maniobras para invertir la ruta y luego apuntar hacia el hombre al agua. Si sólo hay un patrón a bordo, es aconsejable que al menos otra persona aprenda a realizar las maniobras básicas para poder realizar una recuperación en caso de que el hombre al agua sea el patrón. En el caso de un velero como el nuestro las operaciones se simplifican relativamente por el hecho de que, una vez arriadas las velas, se puede maniobrar como una embarcación a motor con dos 110 caballos de potencia. A pesar de ello, la maniobra de recuperación de un hombre al agua sigue siendo compleja y, como tal, debe ser aprendida en detalle e intentada siempre que sea posible.

 **NOTA**

Para conocer los detalles de estas maniobras, consulte los manuales correspondientes o las instrucciones y consejos de los navegantes experimentados.

En el barco por ahora no podemos correr el riesgo de caer al mar porque nuestro catamarán está bien parado en el patio, pero por eso mismo es una fuente de no poca incomodidad.

Utilizar los baños que están a más de cien metros de nuestro barco no es nada cómodo. Por ahora, la única solución posible que puede hacernos evitar el frío de la noche para nuestras necesidades vespertinas y nocturnas ha sido el uso en nuestro cuarto de baño de un pequeño tanque de plástico cortado por la mitad para sustituir al inodoro. La situación es muy incómoda, pero menos que enfrentarse al paseo del patio por la noche. Sospecho que, por desgracia, esta incomodidad es menor que la que tendremos que sufrir cuando crucemos el océano. Veremos qué pasa después de que nos vayamos.

Miércoles, 16 de noviembre de 2016.-

Tiempo soleado

Días x en el embarque

Localización: Canet en Roussillon, suroeste de Francia

Posición: Latitud - 42.7078 N 42° 42' 28"

Longitud - 3.0263 E 3° 1' 47"

Después de descubrir lo complicado que puede ser reparar un inodoro náutico, revisamos los demás, que afortunadamente resultaron ser todos funcionales.

A última hora de la mañana sustituimos una antena montada en el mástil. Con la ocasión aprendimos a izar a una persona hasta la cima del mástil utilizando el arnés y el cabrestante motorizado (un cabrestante especial para barcos que se utiliza para tirar de los cabos con fuerza sin cansarse).

La tarde la pasamos en serenidad mientras exploramos las zonas cercanas a la costa de Canet en Roussillon. Llegamos hasta la playa pasando por astilleros, muelles, almacenes y barcos de todo tipo aún en funcionamiento, por terminar y en desuso. Al parecer Canet, es un pequeño pueblo levantado sobre la desembocadura de un río del suroeste de Francia, explotando la conformación geográfica de la costa que ha permitido la construcción de un gran puerto turístico se dedica completamente a la náutica.

A última hora de la tarde hemos ido a un McDonald cercano. Por lo mucho que me reputan sus incomparables patatas fritas no hemos ido allí a degustar su menú, sino a explotar el wifi que todo McDonald pone a disposición de los propios clientes. Desde las mesas y las paredes de colores nos conectamos brevemente para enviar un saludo y hacer llegar nuestras noticias a familiares y amigos. A pesar de ello, todos somos conscientes de que pronto, cuando estemos en medio del océano, durante muchos días no podremos tener conexión a Internet ni ningún otro tipo de contacto con el mundo exterior. Por ahora, esto no parece inquietar a nadie. Será interesante evaluar esta increíble situación, en un momento en que todos estamos adaptados y acostumbrados a estar hiperconectados, qué efecto tendrá cuando estemos realmente aislados del mundo.

Por la noche hice una nueva masa. Mañana decidiré qué hacer con ella. Probablemente hornee algo de pan.

Jueves, 17 de noviembre de 2016.-

Días x al embarque

Localización: Canet en Roussillon, suroeste de Francia

Posición: Latitud - 42.7078 N 42° 42' 28"

Longitud - 3.0263 E 3° 1' 47"

Hoy hemos terminado de hacer los trabajos de revisión y mantenimiento de los sistemas más importantes del barco. Entre otras cosas, comprobamos el funcionamiento del radar, que sabíamos que tenía problemas. Por desgracia, a pesar de nuestros intentos, el radar sigue sin funcionar. Con nuestra experiencia, después de comprobar el suministro de energía y la buena conductividad del cable de la antena, nos dimos cuenta de que se necesitaría un técnico especializado.

Después de realizar muchas tareas de mantenimiento a bordo, decidimos pasar la tarde dando un tranquilo paseo. Como un grupo escolar de vacaciones, fuimos a visitar la pequeña ciudad costera de Canet en Roussillon. Más que una ciudad, Canet es un pequeño pueblo con una clara vocación turística que ha crecido a lo largo de su playa y alrededor de su puerto. Esto en relación con el tamaño de la pequeña ciudad parece gigantesco, tanto que es fácil ver alrededor más barcos que personas. Otra cosa que ha llamado la atención a los ojos de todos es que toda la población parece estar formada sólo por mayores de sesenta años. No sabemos si es un signo de los tiempos o si la costa sur de Francia atrae a este tipo de franceses, pero es evidente.

Charlando entre nosotros coincidimos en que, debido al estado de las obras que aún quedan por hacer en el Nirvana, la fecha de salida no está ciertamente cerca. Con esto en mente, para restarle importancia hicimos una lista de los preparativos que había que hacer a nuestro barco para dejarlo listo para la Navidad. Por lo que nos contó Jean sobre las reparaciones que aún quedan por hacer, parece ya seguro que comeremos *panettone* entre las olas del océano Atlántico.

Una vez de vuelta a casa, por la noche he preparado palitos de pan en lugar de pan, con la masa que dejé levar desde ayer.

En un barco, cuando se está a merced de las olas, tener algo salado para picar es casi una necesidad. Así es como los preparo

GRISINES DE PAN

La masa es la misma que para la *focaccia*. El resto no es difícil de hacer. Sólo hay que añadir un poco de aceite de oliva y luego extenderlo con un rodillo hasta que tenga un grosor de 5/6 mm Acomodándola en una tabla, corté la masa con un cuchillo en pequeñas tiras. Los puse uno al lado del otro en una bandeja de horno enharinada y los horneé a unos 200º durante unos minutos. Debido al tamaño variable de las tiras, los tiempos de cocción deben decidirse a ojo. Según el gusto se puede añadir un poco de sal a la masa para los que las prefieren más saladas y/o un poco de especias finamente picada como romero, orégano o aceitunas para los que las prefieren más sabrosas. Los míos, una vez horneados, ni siquiera tuvieron tiempo de enfriarse.

Teniendo en cuenta la rapidez con la que desaparecieron, deduje que estaban deliciosos. Aunque no sabemos cuándo partiremos y menos aun cuándo llegaremos a Martinica, ya hemos descubierto cómo pasar nuestro tiempo a bordo.

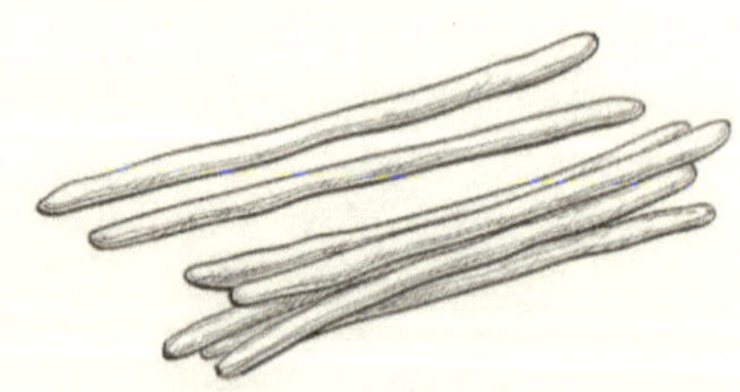

Viernes, 18 de noviembre de 2016.-

Temperatura cálida, cielo soleado y sin viento

Días x en el embarque

Localización: Canet en Roussillon, suroeste de Francia

Posición: Latitud - 42.7078 N 42° 42' 28"

Longitud - 3.0263 E 3° 1' 47"

Hasta la fecha, por desgracia, no hemos podido saber exactamente cuándo nos iremos. Además, ni siquiera sabemos con precisión todas las obras que quedan por hacer en el Nirvana. Jean nos ha dicho que el barco se botará probablemente el martes, es decir, dentro de cuatro días, pero también ha dicho que antes habrá que hacer varias cosas. Entre ellas, la fijación de la fibra de vidrio en la superficie de la proa, la reparación de la fibra de vidrio en el extremo de la popa, la reparación del radar, el antifouling, la fijación de la cadena y el ancla, etc.

Teniendo en cuenta todo lo que queda por hacer, era fácil deducir que sería difícil cumplir la fecha de salida.

Mientras tanto, a la espera de saber más, engrasamos los cabrestantes, arreglamos cosas en los armarios, limpiamos el ténder, comprobamos las juntas de los ojos de buey y muchas cosas más para no tener sorpresas de última hora y pasar el tiempo.

Por la tarde, no queriendo dedicar todo el día a revisar nuestro catamarán en busca de algo que hacer, decidí dedicarme a la cocina, pero no para arreglar ningún aparato, sino para preparar un buen y delicioso postre en mi versión personal.

Esta es mi receta personal, sencilla y rápida como todas mis recetas, para hacer un postre cuyo único problema es que siempre se acaba demasiado pronto.

CROSTATINA

Ingredientes:

300 gramos de harina

100 gramos de mantequilla

100 gramos de azúcar

2 huevos

1 polvo leudante

Mermelada a elección para el relleno

Preparación:

Poner en un bol la harina, el azúcar, la mantequilla derretida y sacada del frigorífico durante unos minutos, los huevos y el sobre de polvo de hornear. Amasar hasta que la mezcla sea suave y homogénea. Envuelva la masa con film plástico y métala en la nevera durante media hora. Cuando la masa esté lista, haga pequeñas bolas de 2 o 3 centímetros de diámetro. Colocar las bolas en un molde de silicona bien espaciadas y con un dedo enharinado presionarlas en el centro hasta aplanarlas, dejando una gran depresión. Rellenar el centro de cada tartaleta con media cucharadita de mermelada. Hornear a 220 grados durante unos 20 minutos.

A última hora de la tarde, después de comer la mitad de mis tartitas, volvimos al McDonald's. También esta vez, como la anterior, no para probar las hamburguesas. Una vez conectados al wifi pudimos saber lo que pasaba en el mundo y enviamos saludos y opiniones a amigos y seres queridos sobre los primeros días de esta experiencia.

Todos somos conscientes de que en unos días dejaremos de tener conexión salvo con el teléfono satelital para emergencias, pero parece que nadie quiere perder las últimas oportunidades de visitar sitios, mirar lo que se publica en Facebook o enviar mensajes con WhatsApp.

Sábado, 19 de noviembre de 2016.-

Tiempo soleado por la mañana, nublado y ventoso por
la tarde

Días x en el embarque

Localización: Canet en Roussillon, suroeste de Francia

Posición: Latitud - 42.7078 N 42° 42' 28"

Longitud - 3.0263 E 3° 1' 47"

Anoche llegó Jean. Por la mañana, después de hacer las
presentaciones y conocernos, nos dijo que antes de
llegar a nosotros tenía previsto hacer todo el trabajo
que faltaba por hacer en el Nirvana. Por desgracia,
también nos dijo que el final de esta no se producirá
antes del miércoles. Esto significa que no sólo no
saldremos el martes, sino que no lo haremos antes del
jueves, es decir, dentro de cinco días.

En previsión de lo que en cualquier caso todos creemos
que es una partida inminente, quizá por reflejo o quizá
por superstición, a última hora de la mañana fuimos al
supermercado a hacer algunas compras para adquirir
las cosas que aún faltaban en la cocina y reponer las
consumidas hasta el momento. Además de estas
razones lógicas, para el afán de compra que se ve entre
los pasillos del supermercado, creo que, al saber que en
unos días ya no podremos comprar, muchos tenemos
una especie de inseguridad sobre nuestras provisiones.

El resultado fueron otros cuatro carros completos en forma de pirámide que se sumaron a los de la última vez. Tengo la impresión personal de que ahora tenemos suficiente comida y bebida a bordo para mantener a un pequeño ejército, pero no todos están de acuerdo conmigo.

Por la tarde, para poder terminar algunos de los trabajos iniciados en los días anteriores como el arreglo de la puerta de entrada, que hasta ahora hemos tenido que mover a la fuerza, nos fuimos de compras por la zona comercial de Perpignan. Después de un par de horas regresamos con el maletero del coche de Jean lleno de más comida, piezas de repuesto para la puerta, numerosas latas de antifouling, herramientas y mucho más.

Durante la noche se levantó un viento helado tan fuerte que sentimos balancear el catamarán suspendido sobre sus zancos. Con los instrumentos de a bordo supimos que el viento tenía una velocidad de casi 40 nudos. La situación particular dio a muchos una sensación de vulnerabilidad, quizás poco comparada con lo que nos espera en medio del océano.

Domingo, 20 de noviembre de 2016.-

Tiempo soleado por la mañana, ventoso por la tarde y muy ventoso durante la noche.

Días x en el embarque

Ubicación: Canet en Roussillon, suroeste de Francia

Ubicación: Latitud - 42.7078 N 42° 42' 28"

Longitud - 3.0263 E 3° 1' 47"

Hoy por la mañana hemos seguido haciendo pequeños trabajos de control y mantenimiento. A decir verdad, a estas alturas tenemos muy poco que comprobar, pero de alguna manera intentamos pasar el tiempo sin aburrirnos. Todos estamos a la espera de las obras que ha anunciado Jean.

Después de una mañana pasada con calma, por la tarde decidimos "robar" el coche de Jean para ir a Perpignan. Fue una agradable sorpresa visitar este pueblo, a unos veinte kilómetros hacia el interior de Canet. La ciudad, con más de 100.000 habitantes, tiene un hermoso centro histórico de época medieval con el Castellet en el centro, símbolo de la ciudad, construido en 1368. Más arriba, en un terreno elevado, hay un verdadero castillo visitable.

Volviendo a la ciudad hemos observado que los habitantes de Perpignan, como los de Canet, en su mayor parte son mayores y de etnia francesa, los jóvenes y los niños en su mayor parte son de origen magrebí.

¿Podría ser este un aspecto del futuro de lo que veremos en toda Europa dentro de unas décadas?

Durante la noche el viento se fortaleció y algunas rachas alcanzaron los 40 nudos. Y por el balanceo del barco y el ruido era imposible dormir hasta que bajara. Aunque nadie lo dijo, creo que la verdadera causa de la imposibilidad de dormir fueron los pensamientos de todos sobre lo que podría pasar si un viento como ese nos golpeara cuando estuviéramos en el mar.

Lunes, 21 de noviembre de 2016.-

Cielos nublados con vientos que se mantienen en 30 nudos.

Días x en el embarque

Localización: Canet en Roussillon, suroeste de Francia

Posición: Latitud - 42.7078 N 42° 42' 28"

Longitud - 3.0263 E 3° 1' 47"

Hoy, con la idea de que probablemente pasado mañana el barco se ponga en el agua, algunos han comprobado lo que aún podía faltar en la cocina mientras Jean, Roby y yo revisábamos el equipo de seguridad de nuestro catamarán.

El Nirvana es un velero de categoría A. Como tal, debe tener ciertas características estructurales y equipos de seguridad para que sea adecuado para las travesías oceánicas.

En cuanto a las categorías de diseño, nos han dicho que hay cuatro en total y que se diferencian según la intensidad del viento y las olas que los cascos son capaces de soportar según el siguiente esquema:

CATEGORÍA DE DISEÑO DEL CASCO

Cat. Fuerza del viento Altura de las olas (en metros)
(Escala de Beaufort)

A - Mayor de 8   Mayor de 4

B - Hasta 8 (fuerza del vendaval) Hasta 4 (fuerza del vendaval)

C - Hasta 6 (sensación térmica)   Hasta 2 (muy fuerte)

D - Hasta 4 (moderad Hasta 0,3 (ligeramente rugoso)
Para poder navegar sin límite de distancia desde la costa, como es natural para hacer una travesía oceánica, la embarcación debe contar con todo el equipo de seguridad siguiente.

EQUIPO DE SEGURIDAD PARA LA NAVEGACIÓN SIN LÍMITE DE DISTANCIA DE LA COSTA:

- balsa salvavidas (proporcional al número máximo de personas a bordo);
- chaleco salvavidas (reglamentario y uno para cada persona a bordo);
- un bote salvavidas con una cuerda;
- una pequeña boya luminosa
- tres pequeñas boyas de humo;
- una brújula con tablas de desviación relativa;
- un reloj
- un barómetro;
- prismáticos;
- Cartas náuticas clásicas o electrónicas de la zona en la que se realiza la navegación e instrumentos cartográficos relacionados;
- cuatro bengalas de mano de luz roja;
- cuatro bengalas de paracaídas de luz roja;
- botiquín de primeros auxilios;
- luces reglamentarias (rojo, verde y blanco);
- equipo de señalización sonora (silbato), una campana o una bocina.
- dispositivo de posicionamiento por radio (GPS);

- Equipo VHF
- reflector de radar;
- una señal cónica que debe mostrarse con el vértice hacia abajo cuando se navega a vela y a motor al mismo tiempo;
- bomba u otro equipo de escape;
- equipos de lucha contra el fuego, como extintores;
- E.P.I.R.B. (Emergency Position Indicating Radio Beacon).

Al desplazarme por la lista de lo que debemos llevar a bordo, por un lado, me inquietaba, recordándome cuántos percances son posibles durante una travesía, por otro lado, me tranquilizaba pensar que tener tanto equipo de seguridad a bordo permitirá sin duda afrontar cualquier tipo de emergencia de la mejor manera posible.

Mientras comprobábamos la lista de equipos de seguridad, llegaron los obreros y empezaron a reparar la fibra de vidrio de la proa y la popa.

A última hora de la mañana, el técnico del radar finalmente vino. Este, después de haber revisado cada parte del instrumento, dijo que para hacerlo funcionar tendría que sustituir un componente electrónico que sin embargo no tenía y que por tanto habrá que encargar.

Sabiendo esto, estábamos un poco preocupados porque faltaban pocos días para la salida y todavía no sabíamos cuándo se arreglaría el radar.

Después de una mañana pasada entre una ansiedad y otra, cansados, ciertamente no físicamente, fuimos de nuevo al McDonald's para distraernos en las redes sociales y leer algunos periódicos online.

Por la tarde Jean nos ha saludado por compromisos previos tomados por poder liberarse en previsión de la inminente salida.

Martes, 22 de noviembre de 2016.-

Cielo cubierto con chubascos intermitentes

Días x al embarque

Localización: Canet en Roussillon, suroeste de Francia

Posición: Latitud - 42.7078 N 42° 42' 28"

Longitud - 3.0263 E 3° 1' 47"

Por la mañana, a pesar de la lluvia, hicimos lo que pudimos para intentar acelerar lo que quedaba por preparar y reparar para poder salir cuanto antes.

Ayer por la tarde nos dieron cien metros de la nueva cadena y nos tocó encontrar la manera de llevarla hasta el pique central del Nirvana a pesar de estar a varios metros de altura. En total, calculamos que esa cadena podía pesar varios quintales, y aun así tuvimos que encontrar la manera de izarla a bordo.

Hacerlo no fue fácil. Al principio, nos ayudó el cabrestante eléctrico de proa, gracias al cual acercamos primero el extremo de la cadena a la abertura del molinete hasta que pudimos atarlo, con no poco esfuerzo, al molinete del ancla. Después de hacerlo lentamente, favoreciendo el paso de la gran cadena con la fuerza de nuestros brazos, conseguimos meterla en el armario y engancharla al ancla con un gran grillete de acero (una anilla que se puede cerrar gracias a un perno roscado). Los trabajos, inaplazables, continuaron

78

incluso cuando llegó la lluvia, lo que los hizo aún más difíciles. Tal vez, de alguna manera nos dio una idea de lo que podría suceder durante la navegación.

A última hora de la mañana, entre chubascos, empezamos a pasar el antifouling en la parte inferior de ambos cascos y los timones.

Después de comer, Jean nos dijo que el barco no bajaría al día siguiente. Aunque nos decepcionó, no nos sorprendió este aplazamiento, ya que los trabajos en el casco no habían comenzado hasta el día anterior y, debido a la lluvia intermitente, lo que nos habían dicho que eran "trabajos rápidos" estaban lejos de estar terminados.

En la proa, un trabajador seguía terminando la capa superior de resina porque mostraba signos de erosión, una reacción química que puede debilitar la resistencia estructural del casco, debido a un trabajo anterior que no se había hecho correctamente.

En la popa, sin embargo, otro trabajador aún tenía que terminar de arreglar las sujeciones de las barandillas, que se habían desprendido, rompiendo la resina que había debajo.

Desgraciadamente, el radar también estaba todavía por repararse, ya que no teníamos noticias del técnico.

Esperando el recambio, para olvidar los numerosos percances y sin poder hacer nada más amasé un poco de harina. Por la noche, cuando la pizza estaba en la mesa, todos volvieron a sonreír. Es tan increíble como agradable ver cómo mejora el estado de ánimo de los italianos ante la comida.

¿Pero estamos seguros de que sólo funciona con los italianos?

Miércoles, 23 de noviembre de 2016.-

Tiempo lluvioso durante todo el día

Días x en el embarque

Localización: Canet en Roussillon, suroeste de Francia

Posición: Latitud - 42.7078 N 42° 42' 28"

Longitud - 3.0263 E 3° 1' 47"

Ayer nos fuimos a dormir con una sola buena noticia: aunque hubiéramos tenido el barco a punto y eficiente, no habríamos podido salir al mar porque mar adentro hay un temporal que, según las previsiones, durará nada menos que dos días.

Antes de irnos a dormir nos despedimos de Lucie, que al final decidió no hacer otra travesía. Para ella habría sido la segunda y la última vez que hizo la vuelta. La travesía oceánica que va del Caribe al Mediterráneo es mucho más exigente que la que vamos a realizar porque sigue una ruta norte y por ello el mar es siempre más bravo que el que se suele encontrar cuando se va hacia el este, tanto que Colón fue perdiendo su flota y su vida durante su viaje de regreso.

En este momento quedamos cinco. Jean nos ha hecho saber que no se unirá a nosotros hasta pasado mañana, fecha fijada para la botadura del barco.

En vista de la situación, como no podíamos hacer nada, decidimos por unanimidad que no haríamos nada durante un día.

A pesar de ello, para pasar el tiempo, esperando tener el olor del mar en nuestras narices, a última hora de la mañana Roby y yo arreglamos una toma de aire que creíamos que no funcionaba bien.

Por la tarde, debido a las continuas lluvias, nos enteramos de que los trabajos en las proas y las popas no podrían reanudarse hasta mañana por la mañana. En cuanto al radar, aún no tenemos noticias. La pieza que falta probablemente no ha llegado todavía. Esperemos con confianza en el mañana. A pesar de nuestra esperanzada confianza, Roby, ya que quedan pocas horas para la salida, nos hizo saber que si en la desafortunada hipótesis tuviéramos que salir sin el radar funcionando, la travesía aún será posible, pero serán necesarios turnos regulares e ininterrumpidos para no dejar la guía sólo al piloto automático.

No sé cuántos dormirán tranquilos la próxima noche.

Jueves, 24 de noviembre de 2016.-

Tiempo soleado durante el día.

Días x en el embarque

Localización: Canet en Roussillon, suroeste de Francia

Posición: Latitud - 42.7078 N 42° 42' 28"

Longitud - 3.0263 E 3° 1' 47"

Durante la noche el tiempo fue realmente malo. Nuestro barco sufrió una serie de violentos chaparrones con vientos cercanos a los 50 nudos.

Además de la idea de tener que hacer una travesía oceánica sin radar, también estaba la idea de hacerlo en condiciones meteorológicas como las que tuvimos anoche. Tal vez experimentamos lo que realmente significa estar en un barco.

Durante el desayuno, Roby, tal vez en broma, tal vez diciendo la verdad, nos dijo que si el viento había superado los 50 nudos, probablemente algún barco del astillero, de esos sobre pilotes como el nuestro, podría haberse caído de sus soportes. Quién sabe por qué, a diferencia de otras mañanas, el desayuno continuó en silencio.

El Nirvana aún necesita ser arreglado en varias partes y como la mañana comenzó con buen tiempo, después de la ansiedad inicial, decidimos afrontar el día con confianza. Después de mirar al exterior vimos que todos los trabajadores estaban trabajando duro y esto nos dio esperanza y alimentó nuestro pensamiento positivo.

Por la tarde, nuestro estado de ánimo empeoró cuando nos comunicaron que sería imposible que nuestro radar consiguiera la pieza que faltaba a tiempo para nuestra salida. Al parecer, tendremos que hacer toda la travesía sin poder saber qué tendremos a nuestro alrededor más allá de lo que podamos ver con nuestros propios ojos. Como ya nos había dicho Roby, esto nos obligará a permanecer despiertos por turnos durante todas las noches. Haremos la travesía como hizo Cristóbal Colón hace más de quinientos años, aunque no se arriesgara a cruzar un porta contenedores o un petrolero.

Lástima que no haya hecho masa fermentada, hoy hubiera sido la noche para una buena pizza y un vaso de cerveza para recuperar el buen humor.

Viernes, 25 de noviembre de 2016.-

Tiempo con sol

Días nº 0 el embarque

Localización: Canet en Roussillon, suroeste de Francia

Posición: Latitud - 42.7078 N 42° 42' 28"

Longitud - 3.0263 E 3° 1' 47"

Aunque esta mañana todos nos hemos levantado sin haber digerido aún la idea de tener que partir sin radar, un poco de entusiasmo flota entre nosotros porque de una forma u otra hoy nuestro catamarán se echará al agua. De esto estamos seguros porque la grúa que llevará el Nirvana al agua, que es muy cara, ya está reservada.

Después de desayunar empezamos a preparar el barco para la botadura y para la navegación que iniciaremos inmediatamente después. Por esta razón, comprobamos todo lo que podría ser inestable y, por lo tanto, peligroso cuando el barco empiece a moverse.

A última hora de la mañana se nos unió Jean. Llevaba una anilla de acero para montar en la proa y fijar una nueva vela, un gran gennaker azul. Con una acción acrobática (estos franceses están realmente locos), colgándose de la quilla con una mano y atornillando grandes tuercas con la otra, en pocos minutos el nuevo anillo de sujeción del gennaker estaba listo. Se trata de una vela de gran superficie que se utiliza en las travesías oceánicas cuando el viento es favorable (viene de popa). Con esta vela, al poder tener más velocidad en el tramo oceánico, probablemente acortaremos nuestra travesía en 2 o 3 días.

Después del mal tiempo y de las noticias del radar, necesitábamos una buena noticia.

Después de comer y tomar café nos preparamos para dejar el barco y que la grúa lo cargue. Cuando el Nirvana fue izado, se mantuvo oscilando en el aire durante unos minutos para permitirnos hacer retoques en el casco con antifouling en los lugares donde estaba descansando. Una vez terminados los trabajos de última hora, casi incrédulos, ciertamente emocionados, al final de dos semanas de estacionamiento en el patio, nuestro catamarán fue puesto en el agua.

No parecía cierto, después de tantos aplazamientos pudimos ver a Nirvana en posición de navegación. El placer de esa imagen sólo fue superado por la emocionante idea de que ahora estábamos a sólo unas horas de la partida. A ese excitante placer se sumaba la idea de poder utilizar por fin los aseos del barco y no tener que salir al frío y a la lluvia, bajar la empinada escalera, cruzar el gran patio para llegar a los aseos comunes del astillero.

A veces en la vida se puede disfrutar incluso de cosas simples y banales.

La salida de mañana está prevista para las 9 de la mañana, justo después del desayuno. La previsión meteorológica nos dice que el mar estará en calma y el viento será escaso, por lo que probablemente tendremos que viajar a motor.

Las cosas bellas a veces pueden no ser perfectas.

Sábado, 26 de noviembre de 2016.-

Buen tiempo, viento del SE de unos 15 nudos

Día nº 1 La salida

Situación: en medio del Mediterráneo, entre el sur de España y las Islas Baleares

Posición: Latitud - N 39º 09' 93"

            Longitud - E 1º 14' 75"

Nos ponemos en marcha. No a las 9 como estaba previsto, pero finalmente nos fuimos. Después de tanta espera y de pasar la primera noche en el agua, tras abandonar el muelle del astillero, ahora todo se mueve por debajo y alrededor de nosotros. A pesar de que el mar en las primeras millas no estaba muy agitado, no todos se sentían en su mejor momento. Esto nos enseña que quizás incluso en las situaciones más incómodas, como estar en el patio, puede haber algo bueno.

Por si fuera poco, a pocas millas del puerto de Canet, Neptuno nos demostró quién manda aquí. Lo que desde el puerto parecía un mar poco agitado, en pocos minutos, se convirtió primero en un mar agitado con olas de un metro de altura y luego en uno muy agitado con olas de casi dos metros de altura y un viento de unos 20 nudos. Por si fuera poco, el viento venía del sureste y, por tanto, de nuestra proa y, por lo tanto, no era útil para proceder con las velas.

88

Sólo a última hora de la tarde, cuando estábamos en la zona marítima frente a la frontera entre España y Francia, el viento, que seguía siendo de unos 20 nudos, cambió de dirección permitiéndonos izar las velas.

En las primeras horas, tal vez por la emoción del inicio de la navegación o por las energías frescas, la situación no parecía tan difícil aunque las popas y los arcos de Nirvana picoteaban ampliamente sin descanso. Sin embargo, nos bastó con bajar al camarote para hacernos una idea de cómo sería la travesía con mar gruesa. Para Giulia y para mí, que tenemos uno de los camarotes de proa, el mensaje fue inmediatamente claro: cuando el mar está agitado, permanecer en el camarote o ir al baño será un verdadero desafío. Durante unas horas nos distrajimos con la novedad, pero cuando nuestras necesidades fisiológicas se volvieron incontrolables y el cansancio se apoderó de nosotros no conseguimos más que magulladuras y malestar y mareos recurrentes.

Por supuesto, en una situación así nadie quería cenar y antes de que cayera la noche nos encontrábamos cansados pero sin dormir.

Antes de la noche, Roby y Jean se turnaron en el timón para comprobar el piloto automático, la dirección y la fuerza del viento y, lo que no es menos importante, ya que no había radar, para comprobar si había barcos en las proximidades, reconociendo su tipo y su rumbo.

Giulia y yo estábamos en el turno de 6 a 9 de la mañana. Para personas como ella y yo, acostumbradas al calor del sur del Sinaí, a las 6 de la mañana no sólo estábamos cansados por no poder dormir más de media hora sin interrupción, sino también congelados por el frío.

Sin embargo, respondiendo a la pregunta "¿al que quiere celeste...?", a las 6 de la mañana me encontré en el timón, vestido con todo lo que podía llevar, incluso con el bote salvavidas autoinflable, atado con una cuerda de salvamento a la embarcación para evitar caer por la borda y con los ojos puestos en la instrumentación de a bordo y en el negro horizonte buscando luces.

Estar en una situación así traumatizaría a cualquiera y a mí también me ha traumatizado, pero qué espectáculo y qué emoción tener el mar y sólo el mar alrededor.

A pesar de todos los inconvenientes esta "celeste" empezaba a gustarme.

Teniendo en cuenta lo que hemos sufrido y lo que vamos a sufrir, después de unas horas era natural familiarizarse inmediatamente con algunos términos náuticos gracias a algunos manuales náuticos a bordo y a los consejos e información dados por Roby y Jean.

Entre las cosas que se aprendieron primero fueron los movimientos que pueden tener los barcos cuando están sobre las olas. Para la situación, esos términos los

90

memorizamos enseguida. Así que ahora sabemos que si un barco hace un movimiento de rotación sobre su eje mayor (la línea que va de la popa a la proa) se dice que rueda. Por suerte, los catamaranes no están sujetos a este tipo de movimientos, ya que se apoyan en dos cascos. Si, por el contrario, las olas suben y bajan alternativamente la proa y la popa, el movimiento se denomina cabeceo. Esto último es la maldición de todos los barcos, incluidos los catamaranes. Nuestro estómago nos lo recuerda sin distraerse nunca.

En cuanto a la altura de las olas y, por tanto, a sus efectos sobre las embarcaciones, nos remitimos a la escala de Douglas. Esta escala describe y expresa el estado del mar en grados según la altura de las olas

ESCALA DOUGLAS

Grado	Descripción	Altura de las olas
0 -	Calma	0 m
1 -	Casi calma	< 0,10 m
2 -	Ligeramente movido	0,10 - 0,50 m
3 -	Movido	0,50 - 1,25 m
4 -	Muy movido	1,25 - 2,50 m
5 -	Agitado	2,50 - 4 m
6 -	Muy agitado	4 - 6 m
7 -	Duro	6 - 9 m
8 -	Muy duro	9 - 14 m
9 -	Tormentoso	> 14 m

NOTA

A partir de ahora este Cuaderno de Bitácora tendrá sólo un patrón diario aparente porque ya después de unas horas de navegación nos quedó claro que a bordo de un velero a vela nada puede tener un patrón que pueda parecer regular y mucho menos diario.

Domingo, 27 de noviembre de 2016.-

Día soleado, viento de unos 12 nudos

Día n° 2

Situación: en medio del Mediterráneo, cerca de las Islas Baleares

Posición: Latitud - N 38.7395 38.4436

Longitud - E 1.4256 1.2554

La historia de este día será tan breve como su duración. Después de pasar la noche, durante la cual las olas no dejaron de sacudir nuestro catamarán, por la mañana nos despertamos somnolientos, desolados y cansados. Sólo a última hora de la mañana el mar empezó a calmarse, dándonos algo de paz. Al asomarme un momento pude comprobar que el día era soleado y que sólo había olas de no más de un par de palmos de altura. Teniendo en cuenta la situación, después de un café, con pasos sagaces volví a la cabaña para despertarme sólo un poco antes de la noche.

Por la tarde, mientras dormía, quizás debido al fuerte viento o a un error de construcción, se rompió la pieza que hace de unión entre la botavara y el mástil, llamada canaleta de la botavara. Esto nos obligó a proceder con la única vela de proa, el génova, más pequeña, pero en los resultados capaz de hacernos avanzar a una buena velocidad.

Durante el día, Jean, evidentemente dotado de una energía inagotable, consiguió izar a bordo un atún de más de un kilo que había mordido el cebo puesto en el agua al curricán. Para mi sorpresa en la cena, a pesar de mis perplejidades y advertencias, el atún estaba preparado en carpaccio. Esto significa que su carne se servía cruda sin que el atún se hubiera congelado previa y adecuadamente. Como les había dicho y repetido, preparar un atún de esta manera está totalmente desaconsejado porque te expone a la ingestión de larvas vivas de anisakis. Se trata de un gusano que de adulto mide de 1 a 3 cm y en su forma larvaria, como la que se encuentra en los peces, sólo unos milímetros. Es de color blanquecino y tiene un cuerpo delgado que lo hace difícil de ver a simple vista. En su fase larvaria, vive en la carne de pescados como el atún, el pez espada, la lampuga, el calamar, la caballa, la sardina y el arenque, por citar las especies más comunes en la mesa. Si las larvas se ingieren vivas, debido al consumo de pescado crudo y no previamente congelado o no bien cocinado, en pocas horas se producen dolores abdominales con náuseas y vómitos. Si hay muchas larvas, estos síntomas pueden continuar durante varios días e ir acompañados de diarrea y fiebre. La prevención es tan sencilla como inexplicablemente infravalorada: basta con cocinar bien el pescado (a más de 60°C durante al menos 1 minuto) o,

94

si se quiere comer crudo, congelarlo a -15°C durante al menos 96 horas; o a -20°C durante más de un día entero o a -35°C durante al menos 15 horas. El uso del frío para procesar el pescado fresco se denomina enfriamiento rápido.

Antes de que cayera la noche, el viento disminuyó y el mar se aplanó. Teniendo en cuenta las condiciones en las que pasamos la primera noche, se decidió llegar a motor hasta una cala protegida del viento en la isla de Formentera y amarrar allí para pasar una noche tranquila.

Lunes, 28 de noviembre de 2016.-

Tiempo soleado y ventoso

Día nº 3

Situación: Mar Balear, desde Formentera hacia Gibraltar

Posición: Latitud - N 38 32 43

              Longitud - E 001 08 29

Esta mañana nos hemos despertado en una bahía al oeste de Formentera, justo al lado del puerto. El mar estaba tranquilo y el viento moderado, y cuando saqué la cabeza del barco, un hermoso sol brillaba en el cielo.

Antes de salir, mientras los demás terminaban de desayunar, aproveché el hermoso día y el agua clara para grabar vídeos bajo el agua con mi Nikon submarina. No me metí en el agua para hacerlo, sino que sujeté la cámara a un palo telescópico para selfies. Con unos trozos de pan viejo atraje a un gran grupo de peces de agua frente al objetivo y los filmé burbujeando sobre lo que arrojé al agua. Como conocedor de la biología marina e instructor de buceo, siempre he condenado a quienes arrojan comida al agua para atraer a los peces, porque lo que puede parecer un gesto simple e inofensivo puede alterar en realidad el equilibrio del ecosistema que tenemos delante. Además, en algunos casos la comida arrojada podría ser perjudicial para los

96

peces aunque parezca gustarles. Tuve que hacer lo que hice porque, como miembro de un barco, tuve que adaptarme a las reglas particulares a bordo. Desde que salimos de Canet y hasta que no toquemos tierra no tenemos posibilidad de deshacernos de la llamada basura húmeda. Por eso, desde el primer día, diferenciamos la basura poniendo el vidrio, los metales y el plástico en un lado y tirando los residuos orgánicos al mar. Lo que nunca hubiera hecho en otras ocasiones, en el mar es una práctica necesaria (mala) y la aproveché para hacer mis vídeos. Quién sabe lo que saldrá en medio del océano de esta inevitable necesidad.

A media mañana, después de salir, se montó el gennaker para ver cómo se comportaba teniendo en cuenta que nunca se había montado. Fue posible utilizar esta vela porque a mitad del día el viento alcanzó los 12-14 nudos procedentes del noreste y, por tanto, de la popa, el viento óptimo para este tipo de vela.

Por la tarde, tras apagar los motores, se acercaron unos delfines. Nadaron cerca de la proa durante unos minutos y luego, tan pronto como aparecieron, desaparecieron. A pesar de su breve aparición, siempre es un placer verlos saltar y nadar.

Esta noche trabajaremos en el turno de medianoche hasta las 3. Para asegurarnos de que seremos capaces de leer las luces que nos rodean, Roby y Jean han resumido los distintos tipos de luces que podemos ver y cómo leerlas.

Todas las embarcaciones, desde el atardecer hasta el amanecer, deben exhibir luces para ser identificadas y que se interprete su movimiento para evitar colisiones. Las luces obligatorias para toda embarcación cuando navega son: una luz lateral roja visible de frente y a estribor (derecha) y una luz lateral verde visible de frente y a la izquierda, además de una luz blanca visible por la popa (por detrás) para los barcos de vela y visible a 360° para los barcos de motor. Además de éstas, existen luces especiales relacionadas con situaciones particulares como en el caso de embarcaciones con averías, etc. Las pequeñas embarcaciones de pesca o incluso los flotadores de una red pueden reconocerse por la noche gracias a su luz blanca fija visible a 360° que, cuando está presente, se enciende en la parte superior del mástil. Las embarcaciones de más de 50 metros deben mostrar dos luces blancas visibles a 360°. De ello se deduce que, una vez avistado un barco en la distancia, es posible leer no sólo su naturaleza y tamaño, sino también conocer la dirección de su rumbo. Si, por ejemplo, una embarcación muestra una luz roja y otra blanca, significa que es una embarcación de menos de 50 metros y que, desde el punto de vista del observador, se dirige a la izquierda de la persona que la mira.

Tras comprobar que todos entendíamos cómo interpretar las luces, nos fuimos a la cama con la recomendación de que si durante el turno veíamos una combinación de luces indescifrable o especial, llamáramos inmediatamente a Jean o a Roby.

Martes, 29 de noviembre de 2016.-

Tiempo soleado con poco viento

Día nº 4

Situación: sur de España hacia Gibraltar

Posición: Latitud - N 37.1786

        Longitud - E -0.4123

Esta noche, mientras dormíamos, hemos tenido problemas con el gennaker debido a una repentina caída del viento. Esto obligó a Jean y Roby a maniobrar en la oscuridad para bajar rápidamente el gennaker e izar el génova. Desgraciadamente, tuvieron que realizar toda la operación en un mar que mientras tanto había crecido hasta alcanzar olas de casi 2 metros de altura. Cuando nos levantamos los encontramos todavía empapados porque mientras bajaban el gennaker descubrieron que el sistema de sujeción de la vela, un saco en el que se embute toda la vela, tenía un problema de ensamblaje que les obligaba a hacer maniobras extra en la cubierta de proa.

Hoy no hace mucho frío, pero pasar horas por la noche en el timón fuera del barco no es fácil. Si se está empapado también puede ser peligroso para la salud. La desafortunada condición fue tratada inmediatamente con copiosas dosis de café y no tuvo las temidas malas consecuencias.

El día transcurrió con la misma lentitud que el avance del Nirvana que, sin viento, sólo podía avanzar a motor a unos 5 nudos (para los que no sean expertos en navegación, podríamos decir que avanzábamos a menos de 10 kilómetros por hora) a la espera de algo de viento. A última hora de la mañana pasamos cerca de Cartagena, en el sur de España. Allí pasamos el meridiano de Greenwich. A partir de ahora tendremos longitudes OESTE si se expresan en grados, minutos y segundos o longitudes negativas si se expresan en grados decimales. Para conseguir algo de viento tuvimos que esperar hasta la noche. Por suerte vino del noreste, así que fue Grecale. Perfecto para los que tenemos que navegar hacia el oeste.

Además del placer de avanzar sin el ruido de los motores, al atardecer se sumaba el placer de tener un mar en calma. Para aprovechar al máximo el viento, se izó de nuevo el gennaker. Sin embargo, para ello, primero tuvimos que resolver los problemas del montaje incorrecto. Gracias a esta vela, que tiene una superficie muy grande, pudimos alcanzar una velocidad de unos 8 nudos en dirección a Gibraltar con un viento que por momentos alcanzó los 30 nudos.

A pesar de ello, no llegaremos a Gibraltar hasta pasado mañana, así que mañana celebraremos mi cumpleaños en el mar.

Como todavía estamos en el Mediterráneo y como los nombres de los vientos se han mencionado varias veces en el barco, es una buena idea que los memorice cuanto antes. Antes de irme a dormir intentaré estudiarlos con la rosa de los vientos.

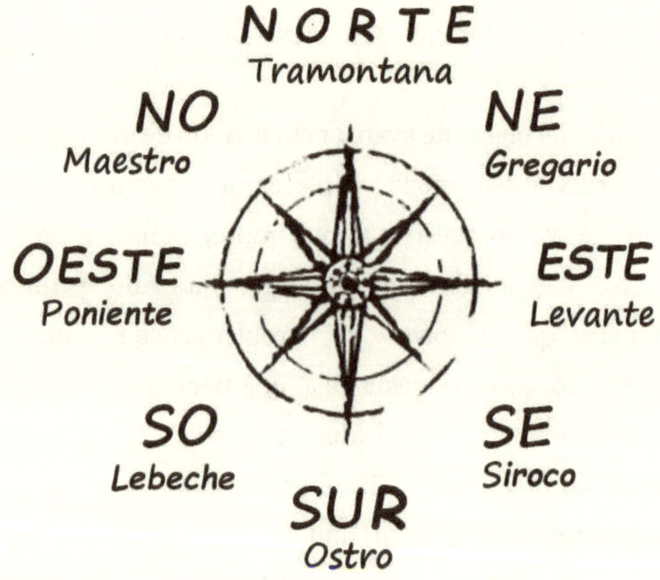

LA ROSA DE LOS VIENTOS

La rosa de los vientos o estrella del viento es la representación gráfica del origen de los vientos dominantes en el mar Mediterráneo en referencia a los puntos cardinales. Los nombres de los vientos recuerdan sus regiones de origen, pero para conseguir la disposición correcta debemos imaginar la estrella de los vientos centrada en el mar Jónico. Los antiguos romanos lo consideraban centrado cerca de la isla de Malta, mientras que los antiguos griegos, por sus cuatro vientos Borea (NE), Euro (E), Noto (S) y Céfiro (O), como relata Homero en la Odisea, lo centraban en la isla de Zakynthos.

TRAMONTANA (N): viento frío procedente del norte. Su nombre deriva del latín transmontes, pero no se sabe si se refiere a las montañas situadas detrás de Amalfi, constructores de las primeras brújulas de Occidente, o a las montañas situadas al norte de Grecia.

MAESTRO (NO): se llama así porque centrando la rosa de los vientos en el Mar Jónico, el Noroeste coincidía con el puerto de origen de los antiguos romanos o Roma, llamado Magistra Mundi. En Francia se llama MISTRAL.

PONIENTE (O): toma su nombre de su lugar de origen también llamado ZEFIRO, de la mitología griega, o ESPERO.

LEBECHE (SO): es un viento cálido y húmedo que en Italia suele traer arena del desierto africano. Se llama así porque procede de Libia, entendida como el antiguo nombre de África. También se llama GARBINO.

OSTRO o MEDIODÍA o LODOS (S): viento cálido y húmedo que trae lluvias, pero podría ser seco en caso de anticiclón subtropical procedente de África.

SCIROCO (SE): viento caliente y muy húmedo, tanto que en algunas regiones italianas se le conoce como GARBINO húmeda. Toma su nombre de Siria, la región de origen del viento. Cuando llega a Francia, cargado de humedad, se llama MARÍN.

LEVANTE o EURO (E): toma su nombre de su origen. También llamado

GREGARIO o GREGAL o BORA (NE): llamado así porque en la isla de Zakynthos o en el mar Jónico procede de Grecia.

Miércoles, 30 de noviembre de 2016.-

Tiempo soleado y ventoso con mar muy agitado y olas de más de 2 metros

Día nº 5

Situación: Mar de Alborán, sur de España, en dirección a Gibraltar

Posición: Latitud - N 36.1570

           Longitud - E -5.3577

Hoy es mi cumpleaños. Esta mañana el mar me ha regalado olas de más de 3 metros, mientras que Giulia, mucho más benévola, aunque no haya podido levantarse de su litera por los movimientos de la cabina, se las ha arreglado para darme su regalo: una camiseta berenjena muy bonita para usar en el Caribe. Teniendo en cuenta las condiciones de hoy, creo que el Caribe está muy lejos, pero tarde o temprano llegaremos. Y tarde o temprano también bajará el viento, que ha estado soplando a unos 30 nudos todo el día.

Pensamos que llegaríamos a Gibraltar por la tarde, pero en lugar de un mar muy agitado, tuvimos lluvia y cuando dejó de llover, apareció la niebla. Estas condiciones nos obligaron a reducir la elevación de las velas para reducir la velocidad y obligaron a Jean y Roby a turnarse al timón durante todo el día para mantener bajo control el intenso tráfico naval en el Estrecho de Gibraltar. El tramo de mar por el que navegamos está muy concurrido. En el horizonte nunca tuvimos menos de 4 o 5 barcos siguiéndonos, adelantándonos o cruzando nuestro rumbo.

Con el barco cabeceando llamativamente durante todo el día, tanto el almuerzo como la cena, para los que tenían fuerzas para comer, fueron muy frugales. El corte de la tarta preparada por Susanna y el brindis con vino *prosecco* se han pospuesto obligatoriamente para mañana.

Mientras tanto, Jean y Roby se han preparado para hacer eslalon durante toda la noche entre cargueros, portacontenedores y petroleros.

A partir de mañana tendremos un nuevo miembro de la tripulación a bordo. Quién sabe quién será y cómo se comportará a bordo. Lo único que sabemos por ahora es que es un español con cierta experiencia en navegación. Teniendo en cuenta el día de hoy, también necesitaremos su experiencia.

El resumen de hoy, en una palabra: un mal día

Jueves, 1 de diciembre de 2016.-

Tiempo nublado con niebla y chubascos esporádicos

Día nº 6

Ubicación: La línea de la Concepción (España), junto a Gibraltar

Ubicación: Latitud - N 36.1570

Longitud - E -5.3577

Esta mañana, cuando me he despertado, estábamos frente al puerto de Gibraltar, pero era casi imposible verlo debido a la niebla. Lamentablemente, no pudimos encontrar un espacio libre para desembarcar allí. Sólo conseguimos encontrar un amarre en el puerto de La Línea de la Concepción, que está junto a Gibraltar, pero en suelo español. Es prácticamente lo mismo que Gibraltar, pero debido a las diferentes condiciones fiscales es considerablemente más caro. Europa también es esto.

Después de la difícil travesía de ayer y de esta noche, debida también a este percance, sólo pudimos relajarnos a última hora de la mañana tras el amarre.

Después de una noche prácticamente sin dormir para Roby y Jean, que tuvieron que mantener la vista fija en el horizonte, un poco de descanso era absolutamente necesario.

Jean, sólo al vernos serenos, nos confesó que esta mañana, cuando salía el sol y la niebla era más espesa, un carguero que no quiso cambiar su ruta, aunque tuviéramos la prioridad, pasó por delante de nosotros a poco más de 100 metros de distancia y no nos chocó más que por una repentina maniobra realizada puntualmente por Jean. La sonrisa con la que contó lo que arriesgamos no me permitió entender si le aterrorizaba o le divertía. Aunque hubiera podido, no quise indagar y preferí ir a darme una ducha para lavarme y relajarme. Por otra parte, los días de aplazamiento de la ducha debido al mar agitado se estaban convirtiendo en demasiados.

Desde hoy creo que he entendido que todas estas cosas forman parte de la vida normal en un barco de vela y como tal o lo aceptas o te bajas. Me duché y volví a mi camarote para descansar.

A última hora de la mañana se nos unió a bordo el nuevo miembro de la tripulación. Como ya sabíamos, es español. Se llama Jaime, un abogado extrañamente demasiado sonriente para su categoría. A todo el mundo le cayó bien a la primera, quizá porque era muy simpático o quizá porque cuando llegó trajo a bordo una selección de quesos españoles como el manchego y lonchas de carne como el jamón serrano y el pata negra.

Sin embargo, con su llegada a bordo, la cuestión lingüística se complicó. En este momento tenemos a Kesie que sólo habla inglés, cuatro italianos que hablan todos inglés, Jaime que habla un buen inglés y Jean que, como buen francés y como muchos italianos, sólo habla un inglés atrofiado. De esto es fácil deducir que a bordo el idioma más utilizado es... el italiano, porque a pesar de la lógica yo y los tres compatriotas hemos hecho valer la fuerza de los números.

Después de casi un día de ayuno, en la comida de mi (pasado) cumpleaños lo compensamos con unos abundantes espaguetis con salsa de tomate (mi receta se adjunta más abajo) regados con un poco de *prosecco* traído a bordo desde Italia especialmente para este brindis.

Después de tomar el café, Giulia y yo llegamos y cruzamos la frontera entre España y Gibraltar y nos fuimos a explorar esta pequeña provincia inglesa. Si pasar por la aduana española fue un trámite, para entrar en Gibraltar tuvimos que mostrar nuestros pasaportes ya que este trozo de Inglaterra, aunque es un país de la UE (si el Brexit lo permite), no forma parte del espacio del acuerdo Schengen.

A diez metros vimos la primera rareza de esta microscópica parte de Inglaterra. Justo después de la aduana tuvimos que cruzar la pista del aeropuerto que se extiende por el interior de la ciudad y va de una costa a otra de la península. Sólo después entramos en los pequeños callejones de Gibraltar. Después del olor a paella, parece increíble que basten cuatro pasos para encontrarse en las calles de una ciudad típicamente británica. Tan típico como brumoso, lluvioso, caro y típicamente antiguo, ciudadanos y su forma de vestir incluidos. En general, es hermoso e interesante. Es una pena que sólo tuviéramos unas horas para visitarlo.

Tras el paseo británico, para dar un tono mediterráneo a este diario adjunto mi receta de los espaguetis italianos por excelencia.
Así es como me gusta preparar los espaguetis con salsa de tomate.

ESPAGUETIS CON SALSA DE TOMATE

Ingredientes para 4 personas

500 g de espaguetis

500 g de tomates maduros o pelados (también se

acepta el puré de tomate)

5 cucharadas de aceite de oliva extra virgen

1 cebolla mediana

50 g de queso parmesano rallado

unas hojas de albahaca

1 cubito de caldo

Sal

Preparación:

En una sartén en la que se ha vertido el aceite, se rehoga la cebolla picada en trozos muy pequeños. Añadir los tomates picados y el cubito de caldo y cocinar la salsa hasta que esté muy espesa. Cocer los espaguetis "al dente" en agua con sal. Cuando estén listos, se escurren bien y se devuelven a la olla. Se vierte la salsa, la albahaca desmenuzada con las manos y el queso parmesano. Servir inmediatamente.

Los que quieran pueden añadir más queso parmesano en el plato.

Hablando de pasta, o más bien de cocinar pasta, si estás en un barco en medio del mar, puedes tener una idea extraña, como la que tuve yo mientras ponía el agua para los espaguetis en el fuego. Ya que el agua es salada, tan salada como el mar (quizás), ¿por qué no probar el particular y único placer de un plato de espaguetis cocinados directamente en el agua del mar? Anoche cuando mencioné esta idea recibí como respuesta una serie de:

"¿Estás loco?", "Nooo, no se puede hacer" y "Tienes que estar bromeando. No se puede hacer".

De lo cual comprendí inmediatamente que no es costumbre hacerlo y que, por lo tanto, no había sido iluminado por un genio. Después de "digerir" el rechazo a mi idea, no satisfecho con las respuestas pregunté "¿Por qué no?" a los que se habían opuesto a mi idea. En ese momento nadie a bordo pudo decirme exactamente por qué no era aconsejable hacerlo, aparte del genérico "naaa mierda" o el inseguro "Quizás... la sal no es buena".

Por supuesto que para alguien como yo la pregunta sólo ha estimulado la curiosidad y luego con la intención de desmentir esos rumores o confirmarlos con ciertos datos comencé mi investigación.

El primer paso fue establecer qué se entiende por agua salada adecuada para cocinar la pasta. Tras consultar

112

diversas fuentes, libros de cocina y similares, pude saber que el agua para cocer la pasta puede prepararse con una cantidad de sal que oscila entre los 8 y los 12 gramos de sal de mesa (cloruro sódico yodado) por litro de agua, con una media de 10 g/l. Para saber más sobre esto, me puse a buscar más y encontré que el agua que bebemos tiene una cantidad de sal cercana a cero y que un agua que tiene una cantidad ya cercana a los 3 g/l hace que esa agua no sea potable para los humanos. Sabiendo esto, fui a buscar la cantidad de sal presente en el mar. Para mi sorpresa, descubrí que la cantidad es enorme, al menos en comparación con la sal presente en el agua de la pasta, y varía en los distintos mares: el Mediterráneo, al igual que los océanos, tiene 35/38 gramos de sal por litro de agua, mientras que el Mar Rojo, uno de los mares más salados del mundo, tiene hasta 41/42 gramos de cloruro de sodio por litro de agua.

De ninguna manera. Si tiene el extraño deseo de hacer un plato de espaguetis con pasta cocida con agua de mar, sepa que sólo puede hacerlo diluyéndola con agua dulce en la proporción de 1 litro de agua de mar por 2,5/3 litros de agua dulce.

Entre las rarezas que pueden venir a la mente cuando se está en un barco está también esto. Pero tal vez sea útil para alguien saber estas cosas en caso de que se quede sin sal a bordo.

Esta noche voy a intentar disfrutar de la tranquilidad del puerto español de La Línea de la Concepción. Mañana cruzaremos las Columnas de Hércules y a partir de mañana por la noche dormiremos a merced de las olas del mar. Estoy deseando que llegue mañana.

Viernes, 2 de diciembre de 2016.-

Cielos nublados

Día nº 7

Situación: desde Gibraltar hasta el Océano Atlántico cruzando el Estrecho de Gibraltar

Posición: Latitud - N 33º 49' 51"

Longitud - W 7º 18' 45"

Siempre al más puro estilo británico, Gibraltar y su fortaleza han acogido nuestro despertar continuando sobre ellos un espeso manto de nubes.

Hecho el desayuno hemos empezado a preparar el Nirvana para la salida.

Hoy es un día particular, en el mismo completamos la primera semana a bordo del Nirvana y en más cruzaremos las Columnas de Hércules para dejar el Mar Mediterráneo y entrar en el Océano Atlántico.

A primera hora de la mañana llegó la pieza de la viga que se rompió hace unos días. En poco tiempo, gracias a un par de martillazos y algunos improperios, la pieza quedó atornillada en su sitio. Una vez arreglada la botavara, nos llenamos de agua y gasoil para estar listos para salir.

Al terminar de montar el Nirvana, Jean nos dijo que iba a bajar para volver a Francia. Después de evaluar la experiencia de Roby, aunque no sea oceánica, dijo que se creía capaz de hacer esta travesía incluso sin él. Haremos toda la travesía en seis.

Ni siquiera tuvimos tiempo de despedirnos de él y ya teníamos la proa apuntando en dirección al mar. Nada más salir del puerto, tuvimos que empezar a hacer slalom entre cargueros, transbordadores, petroleros fondeados o en tránsito y muchos otros barcos que navegaban por el Estrecho de Gibraltar. Es increíble la cantidad de tráfico de barcos que hay en este estrecho tramo de mar. Es como conducir por una autopista gigante en hora punta.

Tuvimos que ir a motor durante las primeras millas para conseguir más maniobrabilidad en una zona muy transitada y porque en ese momento teníamos el viento procedente del océano. Al parecer, en este tramo de mar, debido a la forma de las montañas de las dos costas que distan unos 14 kilómetros, el viento húmedo llamado levante se encauza hacia el estrecho y, debido al efecto Venturi, se fortalece y barre el mar de Alborán y el estrecho con fuertes ráfagas procedentes alternativamente del este y del oeste. Esta difícil condición de navegación asociada a la fuerte y constante corriente proveniente del océano, que trae agua en el Mediterráneo para reemplazar la evaporada, creó el mito de las Columnas de Hércules y de su intransitabilidad.

Al cruzar el Estrecho de Gibraltar, no fue poca la emoción de experimentar el cruce de esa antigua frontera. A nuestra derecha teníamos Europa con España y Gibraltar, a nuestra izquierda África con Marruecos. Frente a nosotros, entre las dos costas que bordean el mar, estaba el océano Atlántico.

La sensación de estar allí era extraña, una mezcla de ansiedad y complacencia. En cualquier caso, aunque tenía esas dos Columnas justo delante de mí, no era fácil tomar conciencia de que realmente estaba donde incluso los antiguos romanos, entre los más expertos navegantes de la antigüedad, siempre habían evitado llegar. Más difícil aún fue tomar conciencia de que lo que se abría ante mí ya no era un simple mar. A partir de ahora, y durante las próximas semanas, lo que tenemos por delante, aunque sea tan azul como el mar Mediterráneo, es en realidad un océano. Una inmensidad de agua que sólo con un gran esfuerzo de la mente y la imaginación puede concebirse en sus dimensiones.

Por mucho que los que leáis estas cosas podáis sentir empatía, si podéis, os recomiendo que probéis esta particular experiencia en persona y viváis las sensaciones porque no creo que leyendo podáis sentir lo que yo sentí.

Como ciertas emociones necesitan tiempo para ser digeridas, me alegró saber que para la ruta que seguiremos durante unos días nos quedaremos a unas pocas millas de la costa de Marruecos. A decir verdad, durante el día la costa no siempre era visible debido a la bruma, pero con la puesta de sol las luces de las ciudades costeras marroquíes se hacían claramente visibles.

Al entrar en el Océano Atlántico han cambiado muchas cosas, entre ellas las olas. Ahora ya no son irregulares en dirección y altura como las del Mediterráneo, ahora son regulares y al mismo tiempo impresionantes en altura y anchura. Por suerte, hasta ahora nunca han sido muy altas, lo que, en este mar, aparentemente, significa estar por debajo de los dos metros de altura.

Después de poner rumbo al sur, una vez atravesado el Estrecho de Gibraltar, el viento fue siempre constante del este con una fuerza de unos 20 nudos que nos permitió navegar durante todo el día.

Durante la noche no fue fácil descansar antes de nuestro turno. Todavía teníamos que acostumbrarnos a las amplias excursiones de cabeceo que hace la proa del Nirvana. Tras el turno de noche, el cansancio pudo con nosotros y, aunque nuestra cabina seguía subiendo y bajando como una montaña rusa, nos fuimos a la cama aturdidos.

Teniendo en cuenta que a partir de hoy sólo navegaremos por el océano y que aquí estaremos a

118

merced de las olas y el viento, he pensado que sería una buena idea echar un vistazo a la escala de Beaufort, que clasifica el estado del mar según las condiciones de estos elementos.

ESCALA DE BEAUFORT

GRADO BEAUFORT	DESCRIPCIÓN del VIENTO	VELOCIDAD del VIENTO en nudos	en Km / h	EFECTOS en la TIERRA	GRADO DOUGLAS	ALTURA de las OLAS (en metros)	EFECTOS en el MAR
0	Calmo	<1	<1	El humo se levanta verticalmente	0	-	Mar como un espejo
1	Un poco de viento	1-3	1-5	El viento pliega al humo	1	0,1	Rizos como escamas de pescado pero sin espuma
2	Brisa ligera	4-6	6-11	Se advierte en el rostro	2	0,2 – 0,3	Pequeñas olas, espuma de aspecto vítreo
3	Brisa fuerte	7-10	12-19	Agita las hojas	2	0,6-1	Pequeñas olas creciendo, cabrilleo numeroso de olas
4	Moderado	11-16	20-28	Levanta papeles	3	1-1,5	Olas medianas, alargadas, cabrilleo, salpicaduras
5	Tenso	17-21	29-38	Agita ramas	4	2-2,5	Se forman olas grandes, crestas de espuma blanca
6	Fresco	22-27	39-49	Agita ramas gruesas	5	3-4	El mar crece, la espuma se barre por el viento
7	Fuerte	28-33	50-61	Molesta al andar	6	4-5,5	Mar con oleaje, la espuma aumenta
8	Temporal	34-40	62-74	Agita árboles grandes	7	5,5-7,5	Olas de altura media, con crestas y espuma
9	Temporal fuerte	41-47	75-88	Rompe chimeneas y tejados	7	7-10	Olas altas, espuma compacta
10	Temporal duro	48-55	89-102	Arranca árboles	8	9-12,5	Olas altas, mar blanquecino, escasa visibilidad
11	Temporal muy duro	56-63	103-117	Graves devastaciones	9	11,5-16	Olas excepcionalmente altas, visibilidad reducida
12	Temporal Huracanado	64	118 e oltre	Graves catástrofes	9	14 e oltre	El aire está lleno de espuma, sin visibilidad

Sábado, 3 de diciembre de 2016.-

Cielo nublado

Día nº 8

Localización: Océano Atlántico, aproximación a Mohammedia, puerto deportivo de Casablanca (Marruecos)

Posición: Latitud - N 33.7130

Longitud - W -7.3992

Después de dormir a ratos y de pasar las tres horas del turno de noche viendo las luces de los barcos de pesca, las redes pelágicas, los cargueros y quién sabe qué más, la mañana nos recibió con una temperatura agradable, aunque con cielo nublado y breves chubascos.

Después de la comida hicimos nuestro primer cambio de hora. Retrocedemos las manecillas una hora para ajustar nuestros relojes a la zona horaria que atravesamos. Para llegar al Caribe tendremos que atravesar nada menos que 5 husos horarios. Incluso a partir de este detalle puede imaginarse lo mucho que nos queda por recorrer. Con motivo del cambio de horario hice la propuesta, bien recibida por todos, de dejar de hacer los turnos de guardia, que estamos haciendo por parejas, de forma rotativa, pero en horarios fijos. Esto debería permitirnos adaptar mejor nuestros ritmos circadianos a los turnos que tenemos que hacer para evitar tener sueño cuando es inapropiado o permanecer despiertos cuando podríamos dormir como nos ha pasado a todos hasta ahora. En pocos minutos llegamos a un acuerdo y Giulia y yo conseguimos turnos de noche de 3 a 6 de la mañana y turnos de día de 12 a 2 de la tarde y de 6 a 9 de la noche. Estos ritmos serán así durante los siete días de la semana, a lo largo de la travesía. Confieso que la idea de esta particular rutina diaria me puso un poco ansioso.

A primera hora de la tarde paramos en Casablanca. Esta parada no estaba en el programa que Jean nos había trazado, pero una marejada inminente nos indujo a detenernos un par de días.

En realidad, paramos en el puerto deportivo de Mohammedia, el único disponible cerca de Casablanca. Cuando llegamos a la desembocadura del puerto vimos que nuestro catamarán sería la embarcación de recreo más grande entre las que ya estaban amarradas. Por ello, pero sobre todo por el escaso espacio asignado para el amarre, nos dimos cuenta de que la tarea de llegar al muelle no sería fácil. En la práctica, habríamos tenido que pasar el Nirvana entre barcos de pesca y otros veleros para llegar a un espacio muy reducido, el único disponible, de apenas unos palmos de ancho más allá del tamaño de nuestro catamarán.

El "aparcamiento" no fue fácil y sólo utilizando todos los guardabarros, nuestros doce ojos y doce brazos y nuestras seis voces a las que se sumaron las indicaciones de los lugareños con mucha paciencia al final lo conseguimos. Y también logramos hacerlo sin dañar el casco de Jean.

Roby, que dirigió toda la operación con experiencia, después de haber respirado aliviado, no quiso dejar de mirar con incredulidad y satisfacción el Nirvana aún intacto.

Giulia y yo, conocedoras de las costumbres musulmanas, nos quedamos aún más boquiabiertos cuando vimos a los chicos del puerto aceptar, entre sonrisas y agradecimientos mutuos, dos botellas de vino de nuestro compañero como recompensa por habernos ayudado. Teniendo en cuenta esto, pensamos que en este inesperado Marruecos habrá mucha diversión.

Después de realizar los trámites portuarios y aduaneros, que fueron mucho más fáciles de lo que imaginábamos y además gratuitos, fuimos a dar un paseo por la ciudad de Mohammedia. La ciudad nos pareció inmediatamente mejor de lo que habíamos imaginado, pero incluso el clima era diferente de lo que esperábamos. Es justo decir que no nos encontramos con el típico clima norteafricano, hasta el punto de que llovió casi toda la tarde. Cansados de aguantar la lluvia, al final de la tarde, entramos en un popular bar y restaurante situado no muy lejos del puerto. Allí bebimos cerveza local, comimos palomitas y probamos ensaladas al estilo marroquí. Todo bueno y barato.

Este Marruecos es una agradable sorpresa.

Domingo, 4 de diciembre de 2016.-

Tiempo nublado y con llovizna

Día nº 9

Localización: Mohammedia, cerca de Casablanca (Marruecos)

Posición: Latitud - N 33° 42' 57"

          Longitud - W 7° 23' 22"

Latitud de Casablanca - N 33.5994

          Longitud - W -7.6126

Hoy nos hemos levantado con un cielo igual al del día anterior, nublado con breves chubascos. Teniendo en el programa la visita a Casablanca no podíamos dejarnos intimidar por las condiciones climáticas adversas y también bajo las gotas nos dirigimos a la estación de tren. Mohammedia está a unos quince kilómetros de Casablanca. El tren que hemos tomado era moderno y tenía recorridos frecuentes y en poco menos de media hora hemos llegado al centro de Casablanca. Desde allí, dados unos pasos, nos encontramos inmersos en su famoso zoco. El mercado tiene el típico aspecto árabe, similar a los egipcios, pero no es caótico.

Paseando encontramos todo lo que necesitábamos, pero también lo que era superfluo y curioso, incluyendo un par de zapatos nuevos para mí, aunque no se usarán en el barco. Después de no poder comprar durante días,

124

para alguien que ahora forma parte de una sociedad dedicada a las compras compulsivas, ¿cómo puede resistirse a comprar incluso lo superfluo?

Para almorzar nos detuvimos en un pequeño y popular restaurante donde, con la mesa puesta en medio de una pequeña plaza, comimos verduras cocinadas en ollas de terracota y sazonadas con especias marroquíes.

Para los que les gustaba también se podían añadir trozos de ·pollo asado. Después de comer no ha sido difícil encontrar vendedores de dulces típicos, aceite de argán, típico de Marruecos, verduras y fruta fresca y seca.

Girando por las callejuelas hemos alcanzado la gran mezquita de Casablanca que, junto con su alto minarete, que también hace de faro, se eleva realmente sobre la costa oceánica.

Volvimos en tren a Mohammedia para cenar, volvimos al lugar de la noche anterior porque no estaba lejos del puerto y porque la noche anterior nos había gustado e intrigado.

Allí, habiendo intuido un poco como 'funcionaba', hemos pedido una botella de vino marroquí y luego, degustamos un aperitivo en la *riviera romagnola*, nos han servido diferentes gustos al estilo local. El vino marroquí no estaba mal, sólo había que esperar al día siguiente para ver en qué condiciones nos levantábamos. Es agradable recibir este tipo de servicio en un lugar donde no lo esperas. Lo que tampoco esperábamos era el tipo de local.

Mientras disfrutábamos de nuestros vinos, bocados y cervezas, al girar la cabeza nos dimos cuenta de que el bar/restaurante también funcionaba como tienda de apuestas y más, ya que estaba lleno de jóvenes sonrientes.

Este desconocido Marruecos ofrece continuas sorpresas, entre ellas el hecho de que aquí parece llover a todas horas.

Después de un día, siempre bajo la lluvia, regresamos a nuestro catamarán.

Lunes, 5 de diciembre de 2016.-

Cielo plomizo con chubascos esporádicos

Día nº 10

Localización: desde Mohammedia (Marruecos) hasta el Océano Atlántico en dirección suroeste

Posición: Latitud - N 33.6298

Longitud - w -7.6864

Agradable el sabor del vino, buena la cerveza, apetecibles las degustaciones, agradable Marruecos y agradable el lugar anoche. Sin embargo, parece que el vino no está hecho para ser bebido en una sola copa. El círculo en mi cabeza con el que me levanté me lo sugirió.

El día ha empezado soleado, así que hemos podido centrarnos en preparar el barco para la salida y reorganizar la cocina. Revisamos los suministros que teníamos, lo que era escaso y lo que faltaba. Entre mil disputas, porque cada uno tiene diferentes opiniones, gustos e ideas sobre la comida, al final conseguimos hacer una lista de lo que realmente faltaba que inevitablemente dejó alguna cara larga.

Una vez hechas las compras, empezamos a reordenar lo que habíamos comprado y a preparar el barco para la salida. Tras consultar la previsión meteorológica y enviar saludos a amigos y familiares a través del wifi del puerto, abandonamos el muelle por la tarde. Con una maniobra de libro, igual a la de llegada, con la ayuda de todos nosotros armados con defensas y los chicos del puerto en lanchas neumáticas, con espacios de maniobra de unos cuantos palmos Roby también esta vez consiguió sacar al Nirvana del puerto sin ningún rasguño.

Respetando los principios de la ley de Murphy, si durante toda la mañana había lucido un hermoso sol, exactamente en los 20 minutos de maniobras que fueron necesarios para salir del puerto llovió sin parar. Dada la dificultad de la maniobra no pudimos refugiarnos y cuando llegamos al exterior del puerto estábamos todos empapados. Este episodio me ha recordado una vez más que en un barco, sobre todo en las travesías largas, se necesita mucha ropa de recambio y, en cualquier caso, hay que estar preparado para llevar la ropa mojada y también aprender a aguantar el olor a perro mojado.

Para los futuros nuevos navegantes he pensado en poner algunas notas semanales sobre el tipo de ropa adecuada para realizar una travesía que comienza con el frío invernal del sur de Francia y termina con el calor del mar Caribe.

En el mercado hay una gran variedad de ropa técnica de navegación diseñada sólo para este uso, pero por desgracia es muy cara. Para los que deciden hacer vela regularmente creo que es una necesidad, para los que inicialmente quieren considerar tal experiencia como ocasional, este es nuestro caso, basándome en mi experiencia daré algunos consejos sobre qué ropa y accesorios no técnicos puedes usar durante una travesía.

NOTA DE ROPA número 1#4

QUÉ LLEVAR EN UN VELERO EN EL MEDITERRÁNEO EN INVIERNO

Desde que salimos del sur de Francia siempre hemos utilizado ropa gruesa capaz de proteger del frío y del agua, entendida no sólo como lluvia o salpicaduras de mar, sino también como humedad.

En estos casos, además de las prendas técnicas disponibles en todas las tiendas especializadas en deportes, es posible afrontar la situación particular con un par de vaqueros, unas zapatillas deportivas para usar sólo para el exterior, varios pares de calcetines largos para usar con las zapatillas y para caminar por el interior. La parte superior puede cubrirse con un polar pesado para el interior. Para el exterior hay que añadir una chaqueta larga e impermeable. En caso de frío intenso y lluvia puede ser necesario cubrirse con un traje de PVC impermeable. Los cueros de aceite amarillos de alta luminosidad son perfectos. Por supuesto, también hay que llevar un gorro como un casquete y un par de guantes de lana para el frío. Si tienes que ayudar a bordo y, por tanto, tienes que tirar de cuerdas o similares, es aconsejable tener otro par de guantes de gimnasia, del tipo sin dedos. Esto evitará las abrasiones debidas al deslizamiento de las cuerdas y los callos. Las gafas de sol de alta protección son, por supuesto, obligatorias en el barco. Para evitar que se pierdan con una ráfaga de viento, es aconsejable sujetarlas al cuello con una correa. Toda la ropa y los accesorios enumerados formaban parte de nuestro equipo, pero una cosa se nos olvidó: una bufanda. Cuando estás al aire libre y sopla un viento frío, como nos ocurrió a nosotros en los primeros días de navegación por el Mediterráneo, tener una bufanda alrededor del cuello para protegerte de los peligrosos resfriados es una gran ayuda. Recomiendo que se haga con una si piensa pasar unos días a bordo.

De vuelta al océano, éste nos recibió con un viento de unos 20 nudos y olas de casi 3 metros. El Nirvana, debido a la dirección de las olas de la popa, avanzó sin zarandearnos demasiado hasta que a última hora de la noche el viento amainó. A partir de entonces tuvimos que avanzar hacia el sur meciéndonos en las plácidas olas del océano.

Martes, 6 de diciembre de 2016.-

Tiempo soleado con aumento de las temperaturas

Día nº 11

Localización: Océano Atlántico frente a la costa de Marruecos en dirección sur

Posición: Latitud - N 31° 11' 46"

Longitud - W 10° 53' 46"

Esta mañana, después de haberme mirado al espejo, he tenido la respuesta a una de las grandes dudas que tenía antes de partir: durante una travesía marítima ¿se pierde peso o se engorda? Es decir, ¿se pierde peso por lo que se hace a bordo (poco, pero continuo) y por la disminución del apetito debido a los movimientos del barco, o se gana peso porque uno se aburre de no hacer nada y con mucho tiempo a disposición se arriesga a comer todo el tiempo? Cuando me fui, sin saber cómo se produciría el cruce, no sabía cuál de las dos situaciones, ambas ciertas, prevalecería. Tras 11 días de navegación seguidos de dos semanas en barco seco, parece que prevalece la primera hipótesis. Aunque no pueda comprobar mi peso con una báscula, está claro que he perdido al menos un par de kilos. Si esto es cierto, creo que no es consecuencia del aumento de la actividad, sino de la disminución del apetito debido a las sacudidas. Según Roby la cosa depende de los continuos movimientos de las embarcaciones que obligan al cuerpo a continuos y relativos movimientos para mantener el equilibrio que hacen consumir energía. No sé cuál es la verdadera causa, pero realmente no importa. Lo importante es que se confirme esta tendencia para conseguir reponer algunos kilos acumulados en los meses anteriores. Veremos cómo evoluciona este aspecto a medida que avance la travesía.

El día nos recibió con sol, poco viento y suaves olas de menos de un metro de altura. La falta de viento, en cierto modo agradable, nos obligó a avanzar a motor. Afortunadamente, por la tarde se levantó un viento del noreste y pudimos navegar a una velocidad de unos 7 nudos. Teniendo en cuenta la latitud en la que nos encontramos, todavía no es el alisio, el viento que nos llevará al Caribe como lo hizo con Cristóbal Colón. En cualquier caso, independientemente de su nombre, hemos desplegado el génova con la intención de explotarlo el mayor tiempo posible.

Durante el último turno de noche, Giulia y yo pensamos que sería una buena idea hacer un poco de gimnasia para pasar el tiempo y calentar cuando se está en la cubierta de popa detrás del timón. Cuando estás allí tienes que comprobar los instrumentos y el horizonte, pero entre medias tienes unos minutos para hacer algunos ejercicios sencillos.

Con un poco de experiencia en varios deportes y gimnasios, pensamos en qué ejercicios podríamos hacer en la cubierta de un velero que se balancea constantemente sin arriesgarnos a lesionarnos y, más aún, sin arriesgarnos a caer al agua.

Al final descubrimos que se puede mantener en forma y calentar con ejercicios sencillos como los mencionados.

EJERCICIOS FÍSICOS QUE PUEDES HACER EN UN BARCO

De pie, sujetándose con una mano:

- rotación en el sentido de las agujas del reloj y elevación lateral y frontal de los brazos

- rotación de la cabeza en el sentido de las agujas del reloj y en el sentido contrario, con curvas frontales y laterales

- Flexiones hacia adelante, laterales y de torsión del torso

- flexiones de piernas

- Escalón, si tienes un escalón cerca de algo para agarrarte.

Si los movimientos del barco lo permiten, puedes hacer el Jumping Jack que consiste en saltar abriendo y cerrando las piernas y los brazos

Si puedes tumbarte de espaldas:

- doblar el cuerpo con la contracción abdominal

Si puedes ponerte de frente:

- flexiones de brazos

Después de cada ejercicio, siempre sujetándose con una mano para mantener el equilibrio, hicimos algunos saltos en el lugar para imitar una carrera. Debido a la inestabilidad del barco y para no despertar a los que estaban durmiendo, sólo pudimos hacerlas muy pequeñas. Al final de la sesión hicimos una serie de ejercicios de estiramiento de piernas.

Nosotros no teníamos, pero si tienes una goma de gimnasia puedes hacer muchos otros ejercicios.

En los casos en los que se navega en un mar con pocas olas, y por tanto si se pueden tener las dos manos libres sin arriesgar la seguridad, incluso con poco espacio disponible se puede hacer un ejercicio llamado "Burpee". Se trata de un ejercicio aeróbico único capaz de tonificar las piernas, los glúteos, el pecho, la espalda y los brazos. La ejecución comprende cuatro fases: (1) desde una posición de pie con los brazos a lo largo de los costados baje a una posición de cuclillas hasta colocar las manos en el suelo. (2) Apoyándose en las manos, retroceda las piernas extendidas. Mantén los brazos, la espalda y las piernas extendidas. (3) Vuelve rápidamente a la posición de sentadilla con un tirón. (4) Vuelve a la posición de pie saltando y lanzando los brazos hacia arriba.

Si repites este ejercicio cada día durante al menos 8 veces, tu forma e incluso tu figura se mantendrán perfectas a pesar de la pereza de una travesía por el Atlántico.

 **NOTA**

Las indicaciones de los ejercicios a realizar durante la navegación sólo deben servir de estímulo para realizar alguna actividad física en el barco, como en casa.

Los que quieran saber más pueden preguntar a un entrenador profesional especificando sus necesidades particulares.

Miércoles, 7 de diciembre de 2016.-

Tiempo despejado

Día nº 12

Localización: Océano Atlántico hacia las Islas Canarias

Posición: Latitud - N 30.5869

Longitud - W -11.6326

La consecuencia de dirigirse al sur es el agradable y gradual aumento de la temperatura. Además, cada vez vemos menos nubes en el cielo y el sol empieza a hacerse notar cuando podemos estar un poco al aire libre.

Desgraciadamente, cuando hay hermosos días de sol, a menudo sufrimos la falta de viento. Hoy esto nos ha obligado a avanzar a motor durante muchas horas.

Todo el mundo a bordo aprovechó las condiciones meteorológicas favorables para hacer lavar la ropa, ducharse o leer un libro al sol en la cubierta del Nirvana.

A primera hora de la tarde, a pocos metros de nuestro casco, pasaron dos delfines, pero se sumergieron inmediatamente después de vernos sobresalir por los lados.

El avistamiento fue tan rápido que nadie tuvo tiempo de hacer fotos. En cualquier caso, ver nadar a los delfines siempre es emocionante.

Al anochecer, cuando estaba todo oscuro, mientras estaba detrás del timón oí claramente el resoplido de lo que sin duda eran grandes cetáceos nadando cerca del barco. Probablemente eran rorcuales aliblancas, pero, aunque la noche estaba parcialmente iluminada por la luna no pude verlos y confirmar así mis sospechas. Estos dos avistamientos son una muestra de que, aunque parezca que sólo hay una extensión infinita de agua a nuestro alrededor, la vida marina y sus sorpresas están detrás de cada ola. Y aquí hay muchas olas.

Trabajar en turnos de noche de 3 a 6 se está convirtiendo en una rutina. Despertarse a esa hora no es fácil y por la noche sigue haciendo frío fuera del barco, pero poco a poco nuestros ciclos circadianos se van acostumbrando. En realidad, lo que tenemos que hacer durante la noche no es complicado ni mucho menos, pero por nuestra seguridad hay que hacerlo bien y con regularidad. Roby nos ha dado a todos indicaciones precisas sobre los controles que tenemos que hacer cuando estamos detrás del timón. En realidad, ni siquiera tenemos que tocar el timón porque la dirección fijada la mantiene el piloto automático, que funciona siguiendo las indicaciones del GPS, pero hay algo más que tenemos que hacer. Para ello, no es estrictamente necesario quedarse fuera todo el tiempo si hace mucho frío. Al no disponer de un radar, cada 10 o 15 minutos como máximo, tenemos que comprobar si se acercan otros barcos a nuestro alrededor. Además, hay que comprobar la velocidad del

viento (en nudos) y su origen en relación con la posición del barco. Estos dos parámetros deben ser siempre coherentes con la configuración de las velas izadas. Por ejemplo, podría ser peligroso mantener el gennaker abierto con vientos superiores a 20 nudos y, si el viento supera los 30 nudos, el génova también debe reducirse parcialmente con el enrollador. En cuanto a la dirección de origen del viento, hay que tener en cuenta la vela en uso. El gennaker, por ejemplo, al ser una vela asimétrica, necesita un viento lateral que venga del lado opuesto de la vela donde se tira. Si el viento empezara a venir del otro lado, la vela traslucharía (cambio rápido de disposición) violentamente y correría el riesgo de desgarrarse. El gennaker funciona mal incluso con viento de cola. El génova, en cambio, puede funcionar incluso con vientos que vienen de unos pocos grados cerca de la popa. Para evitar trasluchadas peligrosas tenemos que actuar según la dirección del rumbo establecida en el piloto automático. Cuando estamos de servicio tenemos que corregir continuamente o al menos comprobarlo teniendo en cuenta no sólo la dirección del viento, sino también la dirección de las olas predominantes y hacia dónde queremos ir. Si, por ejemplo, elegimos una dirección en la que las velas están en la mejor posición, pero esto nos obliga a tomar las olas de lado o a avanzar sin ir hacia la meta que no sería
138

la mejor dirección por tomar. Aunque estos consejos no pretenden explicar lo que constituye un curso completo de navegación, sí transmiten la idea de que la navegación a menudo implica tomar decisiones que comprometen la comodidad, la velocidad y las cuestiones técnicas.

Resulta que, para conducir un velero, como en la vida, sólo se puede salir adelante haciendo elecciones. En ambos casos es importante que el compromiso elegido sea siempre el más ventajoso.

Ya en estos pocos días de navegación hemos visto que cada uno de nosotros, respetando las normas de seguridad, tiene su propia manera de conducir el barco, prefiriendo ciertas prioridades a otras. A mí, por ejemplo, me gusta calcular el rumbo y por eso, también para pasar el tiempo, corrijo continuamente el ángulo fijado en el piloto automático con la intención de trabajar siempre la vela al límite. A pesar de estas diferencias, todos hemos sido buenos patrones hasta ahora. Esta última frase es una cita de nuestro patrón Roby, el único autorizado a bordo para juzgar nuestro trabajo y por ello muy apreciado por todos los demás. No sé navegar en un barco, pero estos días me voy a dormir contento de haber recibido el honor virtual de ser llamado patrón, incluso en la versión de "ayudante".

Jueves, 8 de diciembre de 2016.-

Tiempo despejado

Día nº 13 de navegación

Localización: Océano Atlántico en dirección suroeste
hacia las Islas Canarias

Posición: Latitud - N 30° 03' 95"

Longitud - W 12° 23' 16"

Esta mañana el mar nos ha dado la agradable sorpresa
de regalarnos otro hermoso día soleado como el de ayer,
pero con un viento del noreste de más de 11 nudos.
Excelente para los que tienen que ir de Gibraltar a
Canarias.

Aunque la unión de la botavara (el palo que mantiene
abierta la vela mayor, la gran vela unida al mástil
principal del barco) ha sido fijada en el puerto de La línea
de la Concepción, Roby ha decidido no utilizarla. Nos
dijo que esta decisión no afectará al tiempo de
navegación porque el catamarán puede tener la misma
velocidad utilizando las otras velas. Especificó que tomó
esta decisión para no asumir la responsabilidad de
probar esa parte en medio del océano, un lugar donde en
caso de nuevos problemas no tendremos la posibilidad
de tener ningún tipo de asistencia. También añadió que
se reservará el derecho de utilizar la vela mayor sólo si es
necesario. Todos nosotros, aunque no somos expertos en

la materia, estuvimos de acuerdo con él. Haremos toda la travesía utilizando únicamente el génova y el gennaker, alternándolos según las condiciones de mar y viento.

Como todas las mañanas, después del desayuno y el café, cada uno de nosotros fue al baño para hacer sus necesidades y asearse. Si estas dos acciones son conceptos claros y obvios para quienes viven en una casa, hacer las mismas cosas en un barco con olas de más de dos metros de altura nos obliga a revisar completamente nuestros procedimientos. Durante días sólo hemos visto olas más altas que nosotros, por lo que a estas alturas hemos adquirido una cierta experiencia hecha de golpes de cabeza, magulladuras, rodillazos e improperios varios que han recomendado nuevos procedimientos.

Empecemos por el lavado. Incluso el simple hecho de lavarse la cara y cepillarse los dientes implica un anclaje previo. Nadie debe hacerse la ilusión de que es lo suficientemente ágil como para hacerlo todo rebotando sobre sus piernas. Para hacerlo todo sin sufrir daños, necesitas al menos tres puntos de apoyo. Por esta razón, después de un tiempo a bordo te acostumbras a hacer todo con una sola mano. Lo mismo ocurre con la ducha. En este caso, por un lado, tienes la suerte de hacerlo en un entorno que puede definirse fácilmente como claustrofóbico y por otro lado tienes la desgracia de tener que cambiar cada dos por tres la mano de apoyo para lavarte con la otra y muchas veces, por el jabón en los ojos, es imposible ver dónde agarrarse. Por lo que respecta a las necesidades urinarias, podemos decir que los varones, aunque sean reacios, deben adoptar la posición sentada o aprender a hacer todo con una sola mano. En cuanto al resto, la posición es la misma y no se pierde en comodidad, pero lo que debería ser un momento de tranquilidad hay que aprender a sincronizarlo con el movimiento del barco para evitar inoportunas y largas jornadas de estreñimiento.

En cualquier caso, a pesar de estas indicaciones y de las particulares habilidades acrobáticas, los que salgan a navegar prepárense para mostrar moretones. No son necesarios, pero personalmente recomiendo aprender antes algunos insultos nuevos y originales. No resuelven el problema, pero en mi opinión ayudan.

Viernes, 9 de diciembre de 2016.-

Tiempo soleado

Día nº 14

Situación: navegando entre las Islas Canarias en dirección sur

Posición: Latitud - N 28° 39' 92"

Longitud - W 14° 36' 26"

Anoche, antes de irnos a dormir, divisamos las primeras luces de las Canarias. La primera en verse fue la luz del faro de la pequeña Isla de Alegranza, la más septentrional del grupo de las Islas Canarias. Unas millas más tarde pudimos ver las luces de los pequeños pueblos de la isla de *La Graziosa*. Durante la noche, avanzando hacia Gran Canaria, vimos la silueta de la isla de Lanzarote y luego, a última hora de la mañana, en la distancia, la de la isla de Fuerteventura.

Hoy, mientras navegaba, la cubeta del barco se ha caído al mar. En la práctica, mientras intentaba sacar agua del mar para lavar las cubiertas, el cubo se escapó de las manos. Al grito de quién se le escapó de las manos, Roby aprovechó para lanzar un ejercicio práctico de procedimientos de recuperación en el mar. Como nos había dicho, en el desafortunado caso de tener un hombre por la borda, hay que hacerlo bien y rápido. Para ello, todo debe realizarse sin tener que pensar en ello.

Por otra parte, si tal cosa ocurriera en el océano, cuando puede haber olas de varios metros de altura, en poco tiempo sería imposible mantener la vista de qué o quién había caído al agua, lo que haría muy difícil, si no imposible, volver al lugar donde estaba el accidentado. Por suerte, con las instrucciones que ya teníamos y bajo las indicaciones a gritos de nuestro patrón, nuestra capacidad de reacción estaba lista y en pocos minutos arriamos las velas, encendimos los motores y dimos una vuelta en U mientras alguien vigilaba el cubo. Para cuando lo enganchamos con un medio marinero (gancho montado en un palo largo) nuestro cubo estaba de nuevo a bordo. Este resultado nos tranquilizó a todos en algunos aspectos.

Avanzando a baja velocidad con un viento que nunca superó los 15 nudos, sólo a última hora de la tarde empezamos a ver las luces de Gran Canaria.

Para la cena hice una pizza. Aparte de que comer una pizza (sobre todo si es buena) siempre es un placer, si tienes un horno en el barco para cocinarla, este es un plato perfecto para cocinar durante una travesía en barco. Su preparación no requiere el uso de sartenes u ollas con líquidos que podrían caer peligrosamente en caso de mares agitados, proporcionan un fermento que ayuda a pasar el tiempo que durante una travesía siempre parece ser demasiado y, excluyendo el queso

144

mozzarella que (adaptándolo) se puede sustituir por otras preparaciones a base de queso, aunque sean menos apetecibles, requiere pocos ingredientes todos ellos fácilmente almacenables y por lo tanto adecuados para largas travesías.

No es la primera vez que preparo pizza durante esta travesía, pero nunca había tenido la oportunidad de hablar de ella en relación con la vida en el barco. Las veces anteriores he hecho la variante más sencilla de la pizza, la pizza *Margherita*, y a todos les ha gustado. Ayer, bajo las insistentes peticiones de Jaime, el español, y de Kesie, el inglés, evidentemente con tradiciones y hábitos alimenticios probablemente menos apetecibles que los italianos, amasé un poco de harina. Hoy no sólo he hecho pizza margarita, sino que les he dado la receta y les he enseñado con detalle cómo se hace la verdadera pizza italiana, con la esperanza de que un poco de la buena cultura gastronómica italiana contamine y mejore a los del extranjero.

RECETA DE PIZZA *MARGHERITA*

Ingredientes y preparación de la masa para 2 pizzas:

- 500 g de harina blanca

- un cubo de levadura de cerveza congelada o un sobre de levadura de cerveza deshidratada

- una pizca de sal fina, unos 10g

- una pizca de azúcar, unos 5g

- 2 cucharadas de aceite de oliva virgen extra

- agua según sea necesario

Regenerar la levadura en un vaso de agua tibia (35°-38°) durante al menos 10 minutos. Sabrá que la levadura está lista cuando el agua muestre una espuma en la superficie.

Vierta la harina, la sal y el azúcar en un bol grande y, a continuación, vierta el agua con la levadura y el aceite. Empezar a amasar con las manos añadiendo más agua hasta que la masa sea suave y homogénea. Poner la masa a subir en un lugar cálido durante al menos 4/6 horas. Cuando la masa haya subido, amásela añadiendo un poco de harina y vuelva a ponerla a subir otras 4/6 horas. Después de esta espera la masa está lista para la pizza.

Ingredientes para aderezar 2 pizzas *margherita* y preparación

- puré de tomate 500g

- Mozzarella escurrida y cortada en cubos 300/400g
- aceite de oliva extra virgen a gusto
- sal fina a gusto
- orégano seco al gusto
- albahaca fresca (si está disponible en el barco)
- agua
- harina blanca (para la bandeja de hornear)

Extienda la masa con las manos o con un rodillo sobre una bandeja de horno enharinada. Hágalo de un dedo de grosor (o según el gusto) y deje un borde ligeramente elevado alrededor, ancho o estrecho según el gusto. En un bol, combinar el puré de tomate con el aceite de oliva extra virgen y el orégano. Añadir la sal y un poco de agua en la cantidad necesaria para que la mezcla sea untable y homogénea. Después de mezclar bien el puré de tomate se vierte sobre la masa y se extiende con una cuchara. Hornee el molde en un horno precalentado a 220° para hornos ventilados o a 250° para hornos normales. Después de unos diez o quince minutos, saque la pizza del horno y aderécela con la mozzarella, la albahaca y, si quiere, un chorrito de aceite de oliva y una pizca de sal. Volver a hornear a la misma temperatura durante otros 7/12 minutos. Hornéela y disfrútela esperando a que llegue a una temperatura que evite que se queme.

Para ser sincero, aunque mis intenciones eran difundir el 'Made in Italy' gastronómico, al final con el miedo de ver 'mi' pizza *Margherita* cubierta de kétchup, ahogada en dos dedos de aceite o con una masa que sería perfecta para galletas les dije a Jaime y a Kesie que no podía enseñarles a hacer pizza porque al no tener todos los ingredientes adecuados habrían aprendido una receta que no era original. No sé si fui capaz de proteger nuestra pizza de ser cubierta con mayonesa, espaguetis o piña, pero al menos lo intenté.

Aunque hoy se haya hecho un plato con ingredientes bien conservados, en un barco normalmente hacemos nuestras elecciones de menú pensando de manera diferente que cuando estamos en tierra. Cuando estás en casa puedes dejarte guiar por los antojos del momento, pero a bordo, durante las largas travesías sin parar, las prioridades son diferentes.

Como hemos aprendido después de tirar algunos alimentos que se han estropeado, el menú del barco debe dictarse en función de la vida útil y la fecha de caducidad de lo que se tiene. No quiero decir que la fecha de caducidad sea un límite infranqueable, muchos productos están perfectos mucho más allá de su fecha de caducidad, pero es inútil haber comprado unas mandarinas y querer comerlas sólo cuando están enmohecidas o los yogures sólo cuando se han vuelto agrios.

Por razones éticas y más aún porque la comida a bordo de un barco con la que se hace una larga travesía está calculada de alguna manera no es el caso de desperdiciarla innecesariamente.

Por esta razón, la pizza de hoy fue una agradable excepción.

Sábado, 10 de diciembre de 2016.-

Día soleado

Día nº15 y Día nº 1 de la travesía del Atlántico.

Localización: Gran Canaria

Posición: Latitud - N 28,1371

        Longitud - W -15.4264

Latitud de Gran Canaria - N 27,4258

        Longitud - W 15,7333

Esta mañana temprano llegamos a Gran Canaria. Para no perder tiempo, sólo nos detuvimos unos minutos. El tiempo para repostar agua y gasoil y comprar algo de fruta y verdura fresca y nos fuimos.

Me levanté tarde y ni siquiera tuve tiempo de tocar el suelo para estirar las piernas. Una vez que tuvimos nuestras provisiones a bordo, salimos de nuevo en dirección suroeste.

Cuando llegamos a las afueras del puerto, con la proa apuntando hacia el océano, quedó claro para todos que en pocas horas no veríamos tierra durante muchos, muchos días. Otra cosa que sabíamos era que después de unos minutos perderíamos todo contacto con el mundo exterior. Nadie a bordo parecía estar nervioso por esa idea, pero mientras los teléfonos móviles tenían muescas todos siguieron enviando mensajes y mensajes de texto.

Al parecer, es difícil perder ciertos hábitos.

150

A primera hora de la tarde, tras unas horas de navegación, ya no era posible ver la silueta de Gran Canaria y a nuestro alrededor sólo había y hay mar a 360º.

Técnicamente es a partir de aquí que se inicia una travesía del Atlántico y lo que tenemos a nuestro alrededor lo tendremos para todos los próximos días de navegación que serán necesarios para llegar a Martinica. En referencia a la fecha de llegada hoy hemos hecho algunas predicciones. Todos están de acuerdo en que es seguro que pasaremos la Navidad a bordo. Sin embargo, en cuanto a la fecha de llegada, hubo desacuerdo. Los optimistas predicen que veremos tierra el día 26, confiando en la mayor velocidad que proporciona el gennaker, mientras que los que han tenido en cuenta probables imprevistos han indicado una posible fecha de llegada no antes del 28 de diciembre. Yo soy de estos últimos y también he dicho que el día 29 no es improbable. Veremos al final de la travesía si hemos sido rápidos o no y qué imprevistos habremos tenido que afrontar.

Hoy, además de perder de vista la tierra, también hace un mes que vivimos en este catamarán. La mitad de este tiempo lo hemos pasado en el astillero y la otra mitad en el mar. Aprovechando la tranquilidad del día, quiero hacer unas primeras consideraciones: convivir con gente casi desconocida en espacios muy reducidos no es cosa fácil. El primer paso para no tener problemas es aceptar ceder un poco de espacio privado y de intimidad para respetar el de los demás. Hasta ahora no ha habido especiales problemas de convivencia, pero también es cierto que hasta hace dos semanas siempre podíamos salir a dar un paseo si era necesario y durante las dos últimas semanas hemos hecho más de una parada. A partir de ahora, ya no será posible detenerse y alejarse para aliviar las tensiones. Cada fricción y cada problema tendrá que ser tratado y resuelto dentro de estos estrechos muros. En medio del mar no tendremos alternativa.

Será muy interesante ver cómo evoluciona este aspecto sociológico en los próximos días.

Domingo, 11 de diciembre de 2016.-

Cielos despejados con pocas nubes

Día nº 16 y Día nº 2 de la travesía del Atlántico

Localización: Océano Atlántico en dirección suroeste

Posición: Latitud - N 25.8238

       Longitud - W -17,1156

Giulia y yo no somos lobos de mar y esto es evidente no sólo porque sabemos poco y nada sobre la navegación, aunque hayamos aprendido mucho sobre ella en estos días, sino también porque nuestra salud se ha visto evidentemente afectada por este particular estilo de vida. Hace unos días Giulia cogió un fuerte resfriado asociado a un dolor de garganta. Yo tuve síntomas similares al cabo de un par de días. Por suerte tengo mi pequeña farmacia conmigo y después de tomar un par de pastillas antiinflamatorias me sentí mejor. La causa de estos problemas son probablemente las fluctuaciones de temperatura: durante el día la temperatura supera los 24º y por la noche baja varios grados.

Además de nuestra salud, la consecuencia de estas temperaturas variables es que también después de muchos días de navegación en dirección sur, el estilo de vestimenta cambia parcialmente.

NOTA DE ROPA número 2#4

QUÉ ROPA LLEVAR EN UN VELERO EN EL
ATLÁNTICO NORTE

Aunque los días son ahora indudablemente más cálidos, el frío de la tarde sigue sugiriendo tener ropa pesada capaz de proteger de la humedad. Esta particular tendencia de la temperatura diaria nos ha llevado a usar un doble tipo de ropa: ligera para el día con camiseta, pantalones o shorts y chanclas y sudaderas, chaquetas, pantalones gruesos, zapatos y gorra para la noche. Cuando tenemos que hacer turnos de noche en el exterior, seguimos utilizando una chaqueta encerada.

Al haber salido de las Islas Canarias hace sólo unos días, todavía tenemos algunas verduras frescas a bordo. Desgraciadamente, la mayoría de ellas no se conservarán durante mucho tiempo, por lo que en esta época del año tenemos muchas verduras y ensaladas en el menú. La única verdura que es una excepción es la col, que incluso en un barco tiene una larga vida útil que en un entorno ventilado o en la nevera puede superar el mes.

Hay que recordar que, hasta hace tres siglos, los marineros de las largas travesías sufrían escorbuto por falta de vitamina C, ya que hasta entonces se alimentaban de alimentos conservados (casi siempre de forma inadecuada) y carentes de esta vitamina.

Sólo en el siglo XVIII, primero los marineros portugueses que llevaban cítricos a bordo y luego los holandeses que se aprovisionaban de coles preparadas como chucrut antes de cada larga travesía, comenzaron una prevención racional del escorbuto. Esta última es una enfermedad grave que se manifiesta inicialmente con graves problemas en los dientes y las encías y que luego, si no se trata con la ingestión de vitamina C y luego de alimentos frescos o debidamente conservados, conduce a la muerte.

Llevaba a bordo, en mi botiquín, una provisión de pastillas efervescentes de vitamina C y sales minerales para utilizar en eventuales casos extremos. Para la ingesta de esta importante vitamina, que es importante cuando se hace una travesía larga como la nuestra, recomiendo la receta que doy a continuación que da la posibilidad de tomar vitamina C de una forma apetecible. Entre otras cosas, esta receta es fácil de preparar y utiliza ingredientes fáciles de conservar.

RECETA RIGATONI CON PATATAS Y COL

Ingredientes para 6 personas

500g de *rigatoni*

300 g de col blanca

3 patatas medianas

150 g de queso tipo fontina

100 g de mantequilla

3 dientes de ajo

50 g de queso parmesano rallado

unas hojas de salvia (la salvia seca también está bien)

sal

Preparación:

Hervir en agua con sal las patatas limpias y cortadas en dados pequeños. Después de un par de minutos desde que empiezan a hervir, la patata debería haber empezado a ablandarse. En este momento, se añaden las hojas de col lavadas y cortadas en trozos grandes y la pasta de *rigatoni*.

En una sartén pequeña freír la mantequilla con el ajo y la salvia cortada en trozos pequeños a fuego moderado. Cuando la pasta esté "al dente", escúrrala con las verduras y aderécela con la mantequilla, el ajo, la salvia y el queso parmesano.

Verter la pasta en una fuente de horno untada con mantequilla y añadir el queso fontina cortado en dados pequeños. Gratinar en el horno a 200º durante unos 10 minutos.

Los que quieran pueden añadir un poco de pan rallado tostado por encima del plato.

Lunes, 12 de diciembre de 2016.-

Tiempo despejado

Día nº 17 y Día nº 3 de la travesía del Atlántico

Localización: Océano Atlántico en dirección suroeste

Posición: Latitud - N 24.6065

Longitud - W -19.8798

Desde anoche tenemos un viento constante de 16/18 nudos de popa que nos empuja a una velocidad de 6/7 nudos. El viento viene del noreste, así que todavía no es el alisio que viene del este y que nos llevará al Caribe, pero sigue siendo un buen viento. Si sigue empujándonos así, pronto nos pondrá en la estela del viento alisio. Sin embargo, esta situación tiene un aspecto negativo: el viento que nos empuja, fuerte y regular, levanta olas de hasta 3 metros de altura que nos zarandean sin parar.

Con un mar así, sin poder hacer mucho más y teniendo en cuenta que llevamos muchos días navegando, quiero hacer algunas evaluaciones de la travesía.

En primer lugar, tengo que confesar que, a pesar de las intenciones de este diario, creo que todo lo que he relatado sólo dará una vaga idea de lo que estamos viviendo aquí a bordo.

Cruzar un océano, estar relegado durante muchos días solo en un entorno muy reducido, es una condición tan única y particular que es difícil de explicar a quienes no la viven.

Si no es fácil informar fielmente de los sentimientos que estamos experimentando, puedo en cambio indicar cuáles son las cosas que inducen estas sensaciones particulares. En primer lugar, la falta de tierra. Somos seres terrestres y ese es nuestro entorno natural. Incluso los que aman el mar saben que tarde o temprano volverán a pisar algo sólido y estable, pero no poder hacerlo durante muchos días desestabiliza y da incertidumbre. Luego están las dimensiones. Creo que nunca me había planteado algo tan amplio como el entorno en el que navegamos. Sólo han pasado 3 días desde que perdimos de vista la tierra y desde entonces nuestro catamarán ha navegado sin parar, a pesar de ello en nuestro mapa digital nuestro barco, simbolizado por una flecha negra, apenas se ha movido. En el mismo mapa podemos ver dónde está la costa sólo reduciendo el mapa hasta que quede granulado. A nuestro alrededor sólo hay mar, olas, cielo y nubes. Más allá de eso no hay nada más a lo que yo, como todos los demás, estamos acostumbrados. El hombre es un ser social y la soledad que da el vacío del horizonte es otra cosa que da incertidumbre. El Nirvana, a pesar de sus problemas técnicos, está bien equipado para una travesía del Atlántico y con sus 60 pies no es ciertamente un barco pequeño, aunque en el astillero Canet hubiera catamaranes aún más grandes. Pero aquí, navegando por estas olas, se tiene una fuerte sensación de estar en una cáscara de nuez. Estamos rodeados por el poder de los elementos atmosféricos y sólo podemos manejarlos parcialmente, desde luego no domarlos, así que tenemos que admitir que estamos a su merced. Sin embargo, si tal idea puede hacer pensar en una situación de peligro inminente, en realidad, sólo en situaciones al límite (o al menos lo que yo creo que es un límite posible) el genio del hombre, capaz de dominar la tecnología, hace sentir un orgullo nunca sentido.

Otra cosa curiosa e interesante es que estos sentimientos, aunque claros, no lo fueron desde el primer momento. Reconozcámoslo, al principio este tipo de situación hacía que todos sintieran cierta excitación. La idea de estar entre los pocos que han emprendido un reto como el de realizar una larga travesía del Atlántico emociona y exalta. Incluso después de afrontar las dificultades de los primeros días. La incertidumbre viene después de un tiempo, cuando has entendido lo que realmente estás haciendo y quizás la causa sea precisamente la falta de tierra en el horizonte.

Esta recapacitación no crea incapacidad, pero en algún momento te das cuenta de que estás haciendo algo extraño, pero muy extraño. Extraño y muy diferente a lo

160

que siempre se ha estado acostumbrado. Como uno de los propósitos de este diario es que la gente sepa lo que se siente durante una travesía del Océano Atlántico, daré algunos ejemplos prácticos.

Como ya se ha dicho, una de las primeras cosas que salta a la vista como diferente de lo habitual es el concepto de distancia. Cuando estás en tierra firme, la palabra "distancia" se refiere a un concepto que tiene ciertas medidas. Pues bien, cuando se navega por un océano esta palabra se amplifica, se eleva y se convierte en algo tan enorme como inconcebible cuando se está en tierra.

Para tener una idea de la distancia que quiero considerar puedo informar que desde que salimos de Canet en Roussillon hemos recorrido algo menos de 2.000 millas que hacen 3700 kilómetros. Eso es más de 3 veces la distancia por carretera entre Reggio Calabria y Milán. Dicho esto, hay que tener en cuenta que sólo hace un par de días que hemos iniciado la verdadera travesía oceánica, por lo que aún queda todo por delante. Además, hay que tener en cuenta la velocidad a la que se avanza. Se trata de la misma velocidad media que puede tener un hombre si sale a correr sin ningún compromiso, es decir, 10/14 Km por hora, lo que equivale a nuestra velocidad actual de unos 6/8 nudos. Esta velocidad de desplazamiento es muy diferente de los 130 km por hora que se pueden hacer en Italia en cualquier autopista.

En el mar todo es diferente, no sólo el concepto de distancias o velocidades, sino también la forma de viajar. También en este caso la comparación con el mundo terrestre sólo puede dar una idea de lo que significa navegar por un océano.

En términos terrestres navegar es como ir por una enorme autopista llena de baches (léase olas) algunos de los cuales son enormes y de más de tres metros de profundidad que se toman a toda velocidad durante 24 horas al día conducidos por un conductor "tonto" (léase piloto automático) porque es incapaz de evitar los baches, pero no sólo eso. Desde que navegamos, sólo en contadas ocasiones hemos puesto la mano en el timón, sino que siempre hemos navegado poniendo el piloto automático. Es él quien, una vez fijado el rumbo, hace avanzar el barco para bien o para mal.

En el mar, debido a la acción de los vientos sobre el casco y las corrientes, el barco nunca tiene un rumbo lineal, sino que va un poco hacia aquí y otro poco hacia allá. Para evitar zigzaguear o tomar una dirección equivocada, el piloto automático interviene continuamente para corregir el rumbo, de modo que la embarcación siga siempre la dirección establecida. Disponer del piloto automático es una gran comodidad porque evita tener que estar todo el día sentado al timón corrigiendo el rumbo con los ojos en la brújula. Aunque el piloto automático facilita la vida a bordo, también es una de las cosas más extrañas de la navegación oceánica. En la práctica, cuando vas en un barco conducido por el piloto automático, es como si estuvieras en un coche que no tiene en cuenta nada, ni los baches ni los obstáculos, y piensa única y exclusivamente en ir donde le han "dicho" que vaya. El piloto automático está tan "concentrado" en hacer su trabajo que ni siquiera considera la posibilidad de frenar. En la práctica, estamos en manos de un piloto que conduce sólo de esta manera y lo más increíble es que, como se ha mencionado, sin el piloto automático una travesía sería muy difícil. Básicamente, no hay alternativas.

Presentado de esta manera, un cruce de océano parece algo para tontos irresponsables (si realmente lo es o no es una de las pocas cosas que no encontrarás en estas páginas), pero como mucha gente lo hace y muchos de ellos también son reincidentes, hay una razón.

Sólo hay un atenuante a esta absurda situación, y con él volvemos al concepto expresado al principio: las distancias. Sólo gracias al concepto de las distancias oceánicas es posible viajar de una manera tan increíble y nosotros aquí a bordo nos estamos dando cuenta poco a poco.

Martes, 13 de diciembre de 2016.-

Tiempo soleado con vientos entre 16 y 18 nudos del NE

Día nº 18 y Día nº 4 de la travesía del Atlántico.

Localización: Océano Atlántico en dirección suroeste

Posición: Latitud - N 23.6625

         Longitud - W -22,6807

Durante días sólo tenemos el Océano Atlántico a nuestro alrededor con sus olas, viento y corrientes y nosotros a bordo de este barco no podemos hacer otra cosa que someternos a sus leyes y movimientos.

Las embarcaciones normales, pensadas como las que tienen un solo casco, por el transcurso de las olas y por el soplar de los vientos hacen que sus huéspedes sufran el cabeceo y el balanceo. Como se ha dicho, los catamaranes que tienen dos cascos no sufren tanto el balanceo, pero si tener dos cascos para algunos aspectos es una ventaja, para otros es una desventaja. Por lógica constructiva los catamaranes no pueden tener la deriva (aleta grande y pesada colocada debajo de los veleros monocasco gracias a la cual estos barcos son capaces de mantener la ruta y evitar volcar), su falta hace que los catamaranes sean particularmente sensibles a los vientos laterales que los hacen derivar haciendo la navegación incómoda. En cuanto al cabeceo, los catamaranes lo sufren como los barcos monocasco.

164

Los continuos e irregulares movimientos de cabeceo y deriva son la causa del malestar que se siente al navegar con olas altas, que se convierte en mareo en sujetos sensibles. Este tipo de malestar puede ser más o menos desagradable y afecta al estómago, dando una sensación de náuseas hasta el punto de provocar vómitos, y a la cabeza, dando una sensación de pesadez en las sienes cuando no dolores de cabeza.

Este malestar se debe a las sensaciones contradictorias que llegan al cerebro y es consecuencia de que los ojos están parados mientras los órganos del equilibrio, como el laberinto situado en la región del oído, reciben una señal de movimiento. Esta incongruencia sensorial desencadena el mareo del mismo modo que el mareo en el coche o en el avión.

Cuando se está en un barco y se tienen problemas de este tipo, se pueden tomar los medicamentos adecuados, que a menudo sólo funcionan si se toman de forma preventiva, o se puede probar a tomar té o café, que, por su actividad sobre el sistema nervioso, aunque sea opuesta, a veces ayudan a resolver el problema.

La solución fisiológica (al menos teórica) es otra. Dado que el malestar se debe a la falta de sincronía entre los órganos de la visión y los órganos del equilibrio, antes de tomar fármacos se puede intentar una sincronización de los dos sistemas sensoriales mirando fijamente al horizonte fuera de la embarcación hasta considerarlo quieto y horizontal. A menudo, tan pronto como se produce este cambio de sensación, la perturbación cesa. Para los que sufren este tipo de problema es aconsejable evitar leer, ver la televisión o un monitor como el de un PC y también ver a una persona hablando durante mucho tiempo. En general, se puede decir que el mareo es estimulado por cualquier cosa que distraiga de ser consciente de los movimientos que tienen lugar en el mundo exterior.

No sabemos por qué algunas personas sufren este malestar y otras no, pero lo cierto es que uno se acostumbra al mareo poco a poco. Nosotros somos la prueba. Otra cosa segura es que cuando los movimientos del barco son muy amplios e irregulares no hay estómago que lo aguante y quizás por eso hoy todos, incluido Roby que es patrón profesional, nos sentimos de cabeza.

Hoy, aunque no sepamos exactamente dónde y cuándo, hemos cruzado el Trópico de Cáncer situado en la latitud de 23° 26'. Se trata del paralelo, situado en el hemisferio norte (el hemisferio norte), en el que el Sol un día al año (en el solsticio de junio) culmina en el cenit. Ese día en el hemisferio norte comienza el verano y el invierno en el sur.

El ecuador, que no cruzaremos, está a unos 2.600 km, unas 1.400 millas náuticas, al sur de nuestra ubicación actual.

166

Miércoles, 14 de diciembre de 2016.-

Tiempo soleado con fuertes vientos

Día nº19 y Día nº 5 de la travesía del Atlántico.

Localización: Océano Atlántico en dirección suroeste

Posición: Latitud - N 22.1798

Longitud - W -24,0669

Anoche fuimos zarandeados sin descanso por las olas y esta mañana nos hemos levantado no en la mejor forma. El viento soplaba sin parar a más de 20 nudos y las olas superaban los tres metros de altura. Por desgracia, la situación se mantuvo así todo el día sin darnos un momento de descanso. Cuando las condiciones son así, no podemos hacer nada en el barco porque no es fácil mantenerse en pie. Por razones de seguridad, las salidas del barco se limitan a las cosas realmente imprescindibles, así que los seis quedamos relegados al comedor durante todo el día.

Con estas sacudidas, nuestro apetito también se resiente y la idea de ver nuestros platos y vasos vagando por aquí y por allá solos en la mesa no nos tienta a sentarnos a la mesa. A pesar de ello, más para aprovechar el hermoso día cálido y soleado y un momentáneo y moderado descenso de las olas que por hambre, almorzamos en la mesa de la cubierta de popa. Hoy hemos preparado una pasta "*alla* carbonara". Para su preparación cada uno en

Italia tiene su propio método y quien estaba hoy en la cocina pudo expresarse libremente sólo para descubrir que su receta era como la mía excepto en un aspecto: la cocción del huevo. Conociendo la salmonelosis tuve que insistir en que el huevo estuviera bien cocido de manera uniforme. Cuando se comen huevos que no están bien cocinados no hay que olvidar que si están infectados pueden ser un vehículo para la salmonela, la bacteria que causa la salmonelosis. Se trata de una patología intestinal grave que, si se produce en un barco y, por tanto, cuando se está lejos de un hospital equipado, puede ser muy peligrosa. Por ello, los huevos, que son un buen alimento que puede conservarse en un barco durante muchos días, deben consumirse siempre bien cocinados cuando se navega, independientemente del método de preparación de la pasta *alla carbonara*.

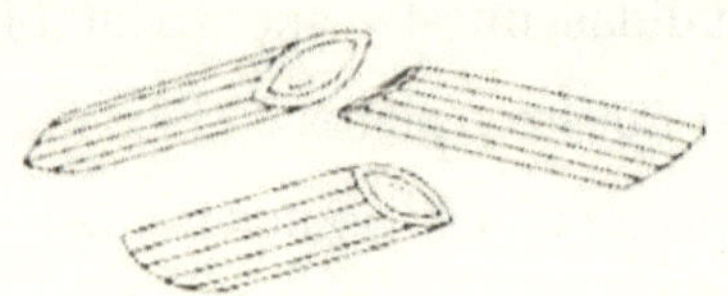

PENNE ALLA CARBONARA

Ingredientes para 4 personas

350 g de pasta

4 huevos

80 gramos de queso parmesano rallado

40 de panceta cortada en cubos

6 cucharadas de aceite de oliva

Sal

Preparación:

Poner agua a hervir en una olla con un poco de sal al gusto. Vierta el aceite en una sartén con el tocino y manténgalo a fuego moderado hasta que el tocino esté ligeramente tostado. Manteniendo el tocino bajo control, rompa los huevos en un bol, añada sal al gusto y vierta el parmesano por encima, luego mezcle hasta que esté cremoso y suave.

Cuando el agua hierve, se vierte la pasta y se cuece, escurriéndola justo antes de que esté al dente. Se devuelve a la olla y se pone de nuevo al fuego a temperatura moderada. Vierta los huevos por encima, remueva con cuidado y luego vierta el aceite y el tocino por encima. Servir caliente. Los que lo deseen pueden poner un poco de queso parmesano rallado encima de la pasta.

Durante el resto del día lo único que pudimos hacer fue repartir nuestro tiempo entre la cama y los sofás para dormitar perezosamente. Para la cena, los más hambrientos se las arreglaron para tomar un rápido refrigerio.

Llevamos casi tres semanas navegando y desde entonces, salvo las pocas noches que hemos pasado en puerto, todos los días sin falta nos hemos turnado para revisar el perímetro de nuestro velero continuamente. Hace más de cuatro días que no vemos la tierra como una línea oscura en el horizonte durante el día y como las luces de la ciudad por la noche. A decir verdad, ahora que estamos en medio del océano a unas 400 millas de la costa africana, a más de 500 de las Islas Canarias y a 300 de Cabo Verde, tampoco vemos muchos barcos. En cualquier caso, de los que hemos visto por la noche, leyendo sus luces, ahora sabemos reconocer todas las características como la posición, el tamaño y la dirección. A pesar de esta poca experiencia acumulada en estos días de la pasada navegación nocturna, esta tarde ha ocurrido algo que nos ha dejado a mí, a Giulia y a Jaime sin palabras y con extrañas ideas en la cabeza.

Mientras todos los demás charlaban después de la cena, Giulia fue a tirar al mar los restos orgánicos de la cena. Cuando estaba fuera me llamó para señalarme que en la
170

completa oscuridad de la noche, iluminada sólo por unas pocas estrellas debido a la nubosidad del cielo, a lo lejos en dirección a la popa se vislumbraban a veces las luces de un barco. Incluso después de señalar la dirección, tardé en entender dónde estaban debido a las altas olas que nos subían y bajaban constantemente unos metros y que hacían lo mismo con el otro barco. En ese momento la distancia era tal que sólo podíamos entender que era un barco, pero nada más. Por eso le dije a Giulia que volveríamos a comprobar esas luces al cabo de unos diez minutos para saber de qué barco se trataba y, en particular, en qué posición y dirección se dirigía.

Mientras esperábamos en la popa se nos unió Jaime y debido a su mayor experiencia en el barco le contamos lo que acabábamos de ver. Esperamos unos minutos, ayudados por los prismáticos, y poco después todos coincidimos en que era un barco por la presencia de dos luces blancas y que se acercaba o nos seguía, teniendo el mismo rumbo que nosotros. A pesar de ello, en ese momento nos fue imposible determinar si nos pasaría por la derecha o por la izquierda. Con la intención de favorecer su paso lo más alejado posible de nosotros, decidimos esperar unos minutos más para poder establecer hacia dónde se dirigía exactamente y, en consecuencia, modificar nuestro rumbo unos grados.

Después de otros diez minutos más o menos, miramos hacia la popa y volvimos a comprobar dónde estaba el barco. Incluso sin usar prismáticos, era claramente visible, pero sólo cuando nos levantaba una ola. Debido a esta dificultad, sólo pudimos establecer con certeza que el barco se acercaba a nosotros, ya que la luz roja era claramente visible a nuestra derecha y la luz verde era claramente visible a nuestra izquierda, pero no pudimos determinar si su rumbo estaba a la izquierda o a la derecha de nuestro barco. Por eso quisimos esperar unos minutos más para decidir hacia qué dirección alterar nuestro rumbo. Al cabo de un rato, primero giramos a popa, luego a estribor, después a proa y luego a babor, pero no teníamos ninguna señal del barco que nos seguía a corta distancia. Los tres pasamos varios minutos observando a simple vista y con prismáticos antes de decidir que, absurdamente, el barco que probablemente habíamos seguido a menos de un kilómetro de distancia había desaparecido. Incrédulos enumeramos todas las posibilidades de tal evento, pero ninguna maniobra extraña ni nada nos convenció y sólo pudimos considerar aquel avistamiento como algo más que extraño, pero en todo caso cierto por haberlo visto los tres.

Después de recuperarme del asombro sólo se me ocurrió una explicación que no consideraba que fueran extraterrestres, barcos fantasmas o una alucinación
172

colectiva. Una situación así en mar abierto sólo puede explicarse apagando todas las luces de a bordo. En esas condiciones, aunque hubiera sido un buque grande, podría haber pasado cerca de nosotros sin ser visto. Ahora queda por determinar quién podría tener interés en hacer algo así, excluyendo a los piratas, ya que después no pasó nada. Sólo se me ocurren dos tipos de embarcaciones: una unidad militar en misión o contrabandistas.

La única duda que queda de esta tesis es entender cómo supieron que habíamos roto el radar.

La travesía del océano es hermosa también por esos tonos misteriosos que la navegación puede asumir de repente. En cualquier caso, pase lo que pase, me alegro de que las siguientes horas hayan transcurrido con total tranquilidad.

Como de costumbre, el despertador sonó a las 2:40 de la madrugada y aunque a nuestro alrededor sólo había olas iluminadas por la luna llena, nos quedamos 3 horas observando el barco y el horizonte, que afortunadamente estaba completamente desierto.

Para evitar el entumecimiento y pasar el tiempo, como siempre hicimos nuestros ejercicios físicos tras los cuales nos reconfortamos con una infusión de manzanilla caliente que se está convirtiendo en una agradable costumbre de nuestros turnos.

Jueves, 15 de diciembre de 2016.-

Día soleado y ventoso. Mar con olas de unos 3 metros

Día nº 20 y Día nº 6 de la travesía del Atlántico.

Localización: Océano Atlántico, dirección suroeste

Posición: Latitud N 20.9143

          Longitud W - 26,5302

Hoy el tiempo y las condiciones del mar eran como ayer. El viento se mantenía entre 25 y 30 nudos y las olas se acercaban siempre a los 3 metros de altura sin darnos un momento de respiro, dejándonos con pocas ganas de hacer nada.

A pesar de estas incómodas condiciones (para nosotros), el Nirvana sigue navegando sin parar, manteniendo el rumbo fijado a una velocidad de unos 8/10 nudos.

Ayer, antes de que cayera la noche, se izó el génova en lugar del gennaker. Con esta vela podemos seguir avanzando sin problemas incluso con este viento y estaría bien incluso si aumentara unos pocos nudos. Desgraciadamente, durante la maniobra de descenso, el gennaker se desgarró en forma de V de unos ochenta centímetros porque tocó el perno de un grillete mal colocado.

Aunque tenemos todo lo que necesitamos a bordo, tendremos que esperar a que baje el viento para repararlo. Al ser una vela muy grande y ligera, si se maneja con viento fuerte, incluso una pequeña ráfaga bastaría para arrancárnosla de las manos y hacerla volar. Por lo tanto, de momento lo único que podíamos hacer era plegarlo y volver a guardarlo en su armario de proa. Hoy, si contamos con Canet como punto de partida, estamos a mitad de camino. Para ser exactos, hemos recorrido unos 4.200 km, es decir, unas 2.300 millas náuticas, desde nuestro puerto de salida y será necesario recorrer otros tantos para llegar a Fort de France, en Martinica.

Después de comer por segunda vez corregimos la hora para adaptarla al nuevo huso horario que atravesamos. Como la última vez, retrasamos la aguja del reloj una hora.

Viernes, 16 de diciembre de 2016.-

Día despejado con nubes en el horizonte.

Día nº21 y Día nº 7 de la travesía del Atlántico

Localización: Océano Atlántico hacia el oeste

Posición: Latitud - N 20.0287

                Longitud - W 25,9076

A bordo, los turnos de noche y de día continúan sin interrupción. Nuestros turnos de noche, siempre de 3:00 a 6:00, nos hacen despertar en la oscuridad y volver a dormir en la oscuridad. Esto no nos permite ver el amanecer, pero hemos comprobado que dormir unas horas antes y después del turno es igualmente reparador. En esos días había luna llena, por lo que, debido a la claridad del cielo atlántico, el mar que nos rodeaba era casi tan visible como durante el día. Uno de los pasatiempos de la noche es contar las estrellas que caen. Algunas noches disfrutamos del paso ardiente de más de una docena de meteoros. Ahora ya no tenemos nuevos deseos que expresar.

No hemos visto ni cruzado ningún otro barco desde que salimos de Canarias. Sin embargo, teniendo en cuenta que no disponemos de radar, tenemos que mantener los ojos abiertos durante las 24 horas para evitar aproximaciones peligrosas. Desde que Giulia y yo nos turnamos para comer, se está convirtiendo en un hábito dar dos bocados y luego levantarse a su vez para ver el horizonte.

Llevamos 3 días con un viento de más de 25 nudos que sopla sin parar y con olas de más de 3 metros. Esas montañas de agua son un gran espectáculo, pero en estas condiciones se hace casi imposible dormir tranquilamente por el traqueteo. Además del sueño, es el apetito el que sufre las consecuencias e incluso lavar la ropa o los platos y hacer las necesidades se convierte en un verdadero reto. A pesar de las dificultades que resistimos, bromeamos y reímos. En estas condiciones no podemos hacer otra cosa.

Entre los temas más discutidos en estos días vuelve a estar la predicción del día de llegada. Para todos, ahora no sólo es seguro que pasaremos la Navidad a bordo, sino que nadie duda de que también pasaremos el día 26, el día de San Esteban, en el mar.

Jaime y Roby han discutido largo y tendido sobre si desde un punto de vista técnico la llegada debe calcularse cuando veamos tierra o sólo cuando la pisemos. Nadie sabe cuándo llegaremos porque para nuestra situación y posición todavía hay muchas variables en juego, pero está claro que el tipo de discusión es una señal de que este océano y sus olas nos están poniendo en tensión a todos.

Han sido varias las mañanas en las que hemos encontrado peces voladores (probablemente Exocoetus volitans), muertos en la red de proa y en la cubierta. Estos peces tienen una longitud media de unos treinta centímetros, con un cuerpo delgado, azul en el dorso y plateado en la zona ventral. Lo que les caracteriza son las dos aletas pectorales, que son enormes. Cuando están abiertas se convierten en verdaderas alas, y la aleta caudal donde el lóbulo inferior está más desarrollado que el superior. Esta característica es la que da a los peces voladores la posibilidad de realizar saltos de hasta decenas de metros. En realidad, no vuelan como su nombre podría hacer sospechar, sino que, en caso de peligro, saltan para salir del agua y permanecen en ella sólo con el lóbulo inferior de la aleta caudal. En ese momento comienzan a agitar esa aleta de forma frenética. Gracias a la forma de esa aleta, el pez volador es capaz de dar un fuerte impulso que le hace planear sobre las aletas pectorales durante largas distancias. Los peces voladores utilizan esta capacidad para huir rápidamente de los depredadores, como el atún o la lampuga, que los cazan activamente. Por los saltos que vemos incluso lejos de nuestro barco, creo que la superficie del mar, lo que para nosotros parece una extensión de agua desierta, esconde en realidad una lucha por la supervivencia sin descanso, hecha de persecuciones, disparos, huidas, vida y muerte que se prolonga durante todo el día.

Es una pena que no se pueda bajar al agua y ver lo que ocurre ahí abajo con tus propios ojos. Y pensar que, en la mochila, sólo en previsión de estas situaciones, Giulia y yo hemos puesto máscara, tubo, aletas, traje de neopreno y también me he equipado con una cámara de vídeo submarina. Esperamos encontrar un día adecuado, sin olas ni viento, para poder utilizar todo. Por ahora no podemos hacer otra cosa que observar los largos saltos sobre el mar de los peces voladores cuando se acercan a la proa del Nirvana. Probablemente durante la noche algunos de ellos tienen dificultades para entender en qué dirección buscar la salvación. Nosotros, con pena, sólo podemos arrojarlos al mar con el único alivio de saber que allí entrarán en el ciclo biológico del océano del que forman parte.

Roby dijo que cuando encuentre un par de ellos muertos durante unas horas intentará cocinarlos. Yo, como vegetariano, fingí no escuchar eso.

Sábado, 17 de diciembre de 2016.-

Tiempo parcialmente nublado, olas de unos 3 metros de altura y viento que sopla entre 25 y 30 nudos con temperaturas de más de 22 grados

Día nº 22 y Día nº 8 de la travesía del Atlántico.

Localización: Océano Atlántico hacia el oeste

Posición: Latitud - N 18,9898

Longitud - W - 33,3363

Esta mañana Giulia y yo nos hemos despertado con el chirrido del carrete de la caña de pescar. Después de unos veinte minutos de dar vueltas, una lampuga (Coryphaena hippurus) de unos 8 kg y casi un metro de longitud estaba tumbada en la popa. Se trata de un gran pez depredador que puede alcanzar los dos metros de longitud y pesar hasta 20 kg que vive en los océanos y en el mar Mediterráneo, frecuentando las zonas superficiales alejadas de la costa. Su cuerpo tiene una forma muy particular porque tiene los lados comprimidos, la cabeza redondeada y un pedúnculo caudal estrecho. Su aleta dorsal es muy larga, un poco menos que todo su cuerpo, la aleta caudal tiene dos lóbulos largos y estrechos. El cuerpo es azul en el dorso, dorado en los lados y plateado en el vientre. La lampuga es un pez que nada muy rápido y, como tal, es un cazador implacable. Se alimenta principalmente de peces voladores. Parece que la carne de la lampuga es muy apetecible, pero se conocen casos de intoxicación por ciguatera. Se trata de una intoxicación alimentaria derivada de la ingestión de pescado contaminado por una toxina, la ciguatoxina, resistente a las altas temperaturas y liberada por un alga. Aunque la lampuga no está entre las especies más frecuentemente contaminadas por la ciguatoxina como lo está la barracuda, en cualquier caso, también por esta cuestión me alegré de ser vegetariano.

Aunque la ciguatera ha afectado pocas veces a la lampuga, esta especie, al ser una cazadora activa y voraz, es en cambio uno de los peces más responsables de la transmisión del anisakis. A pesar de ello, una vez más de forma cada vez más aventurera (diciéndolo en términos agradables) algunos miembros de la tripulación en el almuerzo comieron abundantes trozos preparados como sushi y por lo tanto crudos y sin tratar. Esto pone de manifiesto que no sólo han olvidado los riesgos que pueden correr, sino también dónde estamos.

Por la tarde, con la ayuda de Jaime como español, Kesie como inglesa, Giulia como conocedora del árabe, mi italiano y mis ganas de pasar el tiempo de forma creativa, escribimos un mensaje en cuatro idiomas en una hoja de papel. El mensaje contenía nuestra presentación, el lugar en el que nos encontrábamos, con la intención de que fueran coordenadas geográficas, y mucho más. El mismo al final indicaba una dirección de correo electrónico y por supuesto la fecha: 17 de diciembre / december / disember (ديسمبر) / dicembre 2016.

Después de envolver el folleto en un trozo de papel de cocina, junto con un trozo de papel en el que estaba escrito en letras grandes "MENSAJE" para que se pudiera leer fácilmente, los metimos en una botella vacía de vino espumoso que tapamos con un corcho y sellamos. En ese momento, con un pequeño ritual, inmortalizado por decenas de fotos, lanzamos al mar nuestro mensaje personal en una botella cuyo texto sólo podrán leer quienes encuentren esa botella.

Ahora sólo hay que esperar ese correo electrónico.

Esto es lo que se hace durante una travesía del Atlántico cuando se duerme mal por la noche.

Los continuos y amplios movimientos del barco a lo largo del día y de la noche, como hemos tenido durante varios días, no nos permitieron dormir así que pasamos el resto del día buscando un rincón tranquilo para descansar.

Para llegar al Caribe hay algo más de 2800 Km que equivalen a 1500 millas náuticas, y si las condiciones del mar se mantienen no será fácil llegar.

NOTA DE ROPA número 3#4

QUÉ LLEVAR EN UN BARCO DE VELA EN LAS ZONAS
DEL CARIBE

Aunque el mar sigue mostrando su fuerza con sus altas
olas que nos impiden vivir fuera del barco, salvo en las
raras excursiones, en los últimos días las temperaturas
han subido considerablemente. Durante el día hace
tanto calor que llevamos camisetas y bermudas y
caminamos descalzos. Sólo por la noche, especialmente
durante las horas del turno que nos obliga a permanecer
en el exterior, llevamos una chaqueta de manga y
pantalones largos. Giulia, que sufre de frío crónico, sigue
usando calcetines, un polar y un gorro en la cabeza.

Domingo, 18 de diciembre de 2016.-

Cielos despejados con pocas nubes

Día nº 23 y Día nº 9 de la travesía del Atlántico

Localización: Océano Atlántico hacia el oeste

Posición: Latitud - N 18, 6375

Longitud - W - 35.6876

También hoy el mar está agitado y hay un viento de más de 20 nudos como ayer y anteayer y como probablemente será el día siguiente y el siguiente.

Antes de partir, Jean nos había advertido que nos encontraríamos con estas condiciones meteorológicas, pero también nos había dicho que normalmente después de 3/5 días de olas tendríamos unos días de calma, en algunos casos incluso de tranquilidad. Aquí, en cambio, este mar no parece darnos un día de tregua y no sé si podré hacer todo lo que tenía previsto, como nadar en el océano, hacer fotos y vídeos, subirme a lo alto del mástil y mucho más. Hoy las olas parecen haber aumentado de altura. No sabemos exactamente la altura que tienen, pero es seguro que algunas superan los cuatro metros. Cada vez que una de las grandes pasa por debajo del casco del Nirvana somos catapultados hacia arriba, como si estuviéramos en un ascensor ultrarrápido de un alto rascacielos, sólo para caer en el vientre cuando la ola rompe. La sensación es la misma con la única diferencia de que normalmente sólo se coge el ascensor una vez, pero llevamos varios días experimentando esta sensación de forma continuada e incluso mantener este diario actualizado se está haciendo realmente difícil.

Con el mar así, estamos limitando los viajes fuera del comedor al mínimo. Esa es otra de las razones por las que cada vez es más difícil permanecer aquí encerrado sin hacer nada y en contacto con todos los demás durante todo el día, pero no se puede hacer de otra manera. Salir al exterior es peligroso porque una ola rebelde podría tirarte por la borda con consecuencias dramáticas. Cuando tenemos que salir a tirar la basura o a hacer alguna otra cosa siempre lo hacemos por parejas, uno hace lo que tiene que hacer y el otro comprueba y, si es necesario, avisa si se acerca una ola especialmente alta. A veces vemos estas montañas de agua desde lejos y como cuando estás frente al fuego te quedas mirando su evolución como si estuvieras secuestrado mientras se acercan inexorablemente. Estas grandes olas son fáciles de observar porque se elevan por encima de las demás olas altas. En la distancia parecen inofensivos, pero cuando pasan por debajo de nosotros su ruido ensordecedor te da escalofríos y cuando su cresta se mete entre los dos cascos del Nirvana y toca la parte elevada hacen retumbar todo el catamarán con un ruido sordo parecido a un estallido que desde luego no te deja tranquilo.

Cuando estás fuera y una ola particularmente alta está justo debajo del barco, estás por encima de todo y así puedes tener una maravillosa vista de 360°. Esta vista panorámica dura sólo unos instantes porque inmediatamente después el barco es empujado al vientre de la ola y aquí las olas del océano tienen vientres tan grandes que todo el Nirvana puede entrar en ellas. En esos momentos, al mirar a tu alrededor sólo puedes ver una pared ininterrumpida de agua de cuatro metros de altura que parece querer envolverte. En una situación así, caer al mar significaría tener muy pocas esperanzas de ser rescatado. Aparentemente, por el cuidado con el que nos movemos cuando estamos fuera, todo el mundo es consciente del peligro de la situación.

Por suerte, aunque sólo seamos seis en el pequeño comedor, de vez en cuando podemos echarnos unas buenas risas para aligerar nuestros estómagos y pensamientos. Esta tarde, Jaime, o más bien un pez volador, pensó en alegrarnos la vista: tras un salto hacia la portilla de su camarote, dejada inadvertidamente abierta, se posó directamente en su cara mientras dormía.

Incluso en estas situaciones particulares el mar tiene pleno control sobre nosotros: el buen humor nos quita, el buen humor se nos da, pero algunas veces con mucho olor a pescado.

Lunes, 19 de diciembre de 2016.-

Cielos despejados y pocas nubes. Temperaturas cálidas con breves chubascos vespertinos

Día nº 24 y Día nº 10 de la travesía del Atlántico.

Localización: Océano Atlántico hacia el oeste

Posición: Latitud - N 18,4638

Longitud - W - 39,9474

Hoy llegamos a lo que es la mitad de la ruta lineal que une las Canarias con Martinica. En la práctica, todavía quedan unos 2500 Km, que equivalen a algo menos de 1400 millas náuticas, para nuestra llegada al Caribe. Desgraciadamente, nos hemos enterado por un mensaje de texto enviado a nuestro teléfono por satélite de que seguiremos teniendo vientos de más de 25 nudos y olas altas durante muchos días. El único consuelo meteorológico son las temperaturas. Ya son casi caribeñas.

Es una pena que no podamos disfrutar del exterior del barco tanto como nos gustaría.

Aunque hace una semana y media que no vemos otro barco en el horizonte, los turnos de día y de noche continúan sin cesar. Lo que hay que mantener bajo control estos días es el viento. A estas alturas estamos ciertamente en la zona donde soplan los alisios, pero a pesar de lo que debería ser, regular en cuanto a la dirección, nos obliga a ajustar continuamente nuestro rumbo para mantenerlo en el mejor ángulo con respecto a la vela. Para ello, hacemos uso de la instrumentación de a bordo, con la que, inevitablemente, cuando se hace una travesía del Atlántico, hay que familiarizarse. Entre las primeras cosas que hay que aprender es cómo leer el anemómetro, un instrumento que mide el ángulo de origen del viento y su velocidad expresada en nudos. Entonces es fundamental entender cómo funciona el piloto automático y cómo modificar el rumbo fijado. Por último, está el navegador GPS, que muestra las coordenadas geográficas del punto en el que nos encontramos (las mismas que se introdujeron al principio de cada nota diaria de este diario) y en qué dirección va el barco, expresadas como un ángulo con referencia al norte. Gracias a este instrumento también sabemos a qué velocidad vamos. La misma velocidad se calcula también mediante otro instrumento, cuyo sensor se coloca debajo del casco de la embarcación, gracias al cual se mide el desplazamiento de la embarcación con respecto al agua. La instrumentación de navegación a bordo se completa con la ecosonda que mide la profundidad del agua bajo el casco.

Por razones de seguridad y porque nuestro catamarán tiene dos puestos de gobierno, uno exterior y otro interior, muchos de los instrumentos son dobles.

188

Después de aprender cómo funcionan todos los instrumentos a bordo, fue curioso ver que los instrumentos duales casi nunca muestran los mismos datos. Por ejemplo, a bordo tenemos dos anemómetros con dos sensores distintos. El del interior ha sido apodado "el optimista" por su tendencia a dar más viento del que realmente hay. Si dar más nudos de viento de los que realmente hay no crea problemas, podemos decir que tenemos suerte de que en medio del océano no tengamos problemas con las aguas poco profundas.

Precisamente por estas inevitables discrepancias en los datos instrumentales, después de navegar durante un tiempo comprendes que muchas de ellas debes deducirlas de tus sentidos. Por eso, aunque no seas un patrón profesional, después de un tiempo es tan importante como natural desarrollar lo que se llama "el sentido del viento". Estas consideraciones me hicieron pensar que aparentemente, después de más de 525 años, navegamos de forma similar a los que navegaron por primera vez esta ruta y esto no sólo porque no tenemos radar.

En 1492, Cristóbal Colón, que tiene el mérito de ser el primero y de superar las reticencias de la época, y su tripulación se embarcaron en tres pequeñas naves, no mucho más grandes que nuestro catamarán, pero mucho más espartanas, para enfrentarse a un océano del que él, como sus compañeros, no tenían experiencia. Como nosotros. Él también hizo escala en las Islas Canarias para recibir los últimos suministros y luego se dirigió directamente al oeste, empujado por los vientos alisios.

De las memorias del propio Cristóbal Colón se desprende que, durante su navegación hacia el oeste, se percató de que los vientos alisios formaban una banda de nubes, hasta el punto de que escribió estas palabras en su cuaderno de bitácora: "Se navega como si se estuviera en la orilla de un río. En estos días me he emocionado al ver en el cielo sobre nosotros unas particulares formaciones nubosas que por el viento que las empuja toman una particular forma alargada hacia el oeste. Después de notarlas, las he rebautizado como "las nubes de Colón".

El mar que nos rodea y estas referencias meteorológicas-históricas me hacen sentir fuertes emociones y gracias a ellas puedo entender el significado de otra frase citada por el gran navegante genovés "Otra, entre las sugerencias del primer viaje transoceánico, fue la posición de los barcos constantemente girados hacia el atardecer (una dirección nunca tomada por los barcos de la época como nunca nos ocurrió a todos los que estamos a bordo de este barco), así como la sensación de avanzar por amplios espacios nunca tocados antes".

Otra cosa que nuestra travesía tiene en común con la de Cristóbal Colón son algunos errores de juicio cometidos durante la navegación. Cuando cruzó el Mar de los Sargazos, confundió sus típicas algas flotantes (Sargassum sp.) con la vegetación de una costa que ahora estaba cerca pero que en realidad aún estaba muy lejos. Del mismo modo, cuando vi unos vegetales, antes de reconocer lo que eran, pensé y dije exactamente lo mismo. Además, yo también, ignorando el fenómeno de la declinación magnética, que tanto preocupó a Cristóbal Colón y que se debe a la diferente posición entre los polos magnético y geográfico que no hace coincidir el norte magnético con el geográfico, preocupado le pregunté a Roby por qué la brújula magnética marcaba un dato diferente al que daba el navegador GPS.

En mi ignorancia me sentí muy cerca de Cristóbal Colón, salvo que él tuvo el atenuante de ser el primero y hacer esta travesía hace más de cinco siglos.

Martes, 20 de diciembre de 2016.-

Día soleado con vientos cálidos de 18/24 nudos.

Día nº 25 y Día nº 11 de la travesía del Atlántico.

Localización: Océano Atlántico hacia el oeste

Posición: Latitud - N 18° 11' 05"

Longitud - W 42° 34' 28"

Como viene ocurriendo desde hace días, las olas de casi cuatro metros de altura están dificultando mucho la vida a bordo. A pesar de nuestra voluntad, no es posible hacer mucho a bordo y por eso los días pasan envolviéndonos en el aburrimiento. Con el barco en constante movimiento no es fácil dormir y para Giulia y para mí, que tenemos uno de los camarotes en la proa, es aún más difícil. La consecuencia es que todos nos pasamos el día buscando un lugar para dormitar.

A la hora de comer retrasamos los relojes una hora más, ahora faltan dos ajustes más antes de llegar al Caribe. Estos cambios hacen que el sueño sea cada vez más irregular, de manera que durante nuestro turno de noche unas veces lo pasamos somnolientos mientras que otras estamos despiertos al 200% como la noche anterior.

Por la noche, también para ahuyentar el aburrimiento, decidimos reparar el gennaker roto. Llevar esa gran vela desde el pique de proa a la cubierta de popa no fue fácil.

192

Entre todos tuvimos que mantenerla cerrada rodeándola con los brazos y acercándola al suelo. Al final lo conseguimos, pero con el fuerte viento si se hubiera hinchado lo habríamos perdido con el riesgo de que alguien se hiciera daño o se cayera al agua.

Cuando la vela estuvo lista me dijeron que, para repararla, además de un parche adhesivo, habría que poner puntos de sutura. Cuando oí esa palabra, salió el veterinario que hay en mí y me ofrecí a ser el "cosedor". Después de examinar los hilos de un milímetro de grosor y las agujas de tamaño adecuado, estuve a punto de echarme atrás, creyendo que mis habilidades no servían para tratar con tales herramientas. Tras unos momentos de perplejidad, teniendo en cuenta la situación y el lugar en el que nos encontrábamos, me armé de valor e hice lo que pude. Después de haber puesto decenas y decenas de puntos con una técnica a medio camino entre la de un cirujano de dinosaurios y la de un bordador ruso, puse el último punto diciendo inmediatamente "no asumo ninguna responsabilidad" y añadiendo a continuación "la primera vez que lo icemos sabremos si soy un cirujano de vela o no".

Con las manos doloridas de tantos puntos, durante el turno de noche con el navegador GPS y los mapas náuticos delante, que siempre nos dicen dónde estamos y en qué dirección vamos, mirando la proa de nuestro barco que surca el mar sin parar, pensaba a menudo en los marineros del pasado, los de la era de la navegación manual, la era pretecnológica.

Estando fuera durante horas y horas mirando el mar y lo que lo rodea se puede entender cuántos problemas daba la orientación en el pasado cuando aún no había GPS y cosas similares.

En realidad, cuando uno navega por el mar, a su alrededor hay muchos puntos de referencia, pero para la navegación sólo unos pocos dan indicaciones útiles. Las olas, por ejemplo, cuando se ven cerca del barco, parecen dar una idea de aquí o de allá o de izquierda o derecha, pero en realidad las olas están siempre en movimiento y sólo permiten tener una vaga sensación de movimiento y nada más. Las nubes, en esta región siempre movidas por el viento alisio, pueden dar una indicación de una dirección sólo durante unos minutos y luego cambian de posición y forma en poco tiempo. El viento, aunque como alisio debería ser constante en fuerza y dirección, en realidad lo es mucho menos de lo que se cree y el ángulo de su dirección sólo permanece constante durante unas decenas de minutos. La luna en el cielo nocturno, cuando es visible por la ausencia de nubes, aunque sea lenta, está en constante movimiento por lo que también puede dar indicaciones para la orientación sólo durante unas decenas de minutos, no más y al día siguiente hay que tener en cuenta que su posición también ha cambiado. Lo mismo ocurre con el sol. Éste, con su continuo movimiento aparente, sólo es útil para tener una idea aproximada de dónde está el este, en el momento en que sale, y dónde está el oeste, en el momento en que desaparece tras el horizonte. Lo único que en cierto modo es constante en el cielo son las estrellas. Por la noche, si el cielo está despejado y si se conoce la posición de las distintas constelaciones, son una referencia precisa para orientarse, pero con problemas: sólo son visibles por la noche y si no hay nubes, si luego cambias de hemisferio todo lo que sabías sobre las posiciones de las estrellas y las constelaciones deja de ser útil. En la situación en la que nos encontramos, estos pensamientos me hacen sentir una gran, gran admiración por los grandes navegantes de siglos pasados que sólo podían utilizar el sextante para conocer su posición. Se trata de un complejo instrumento óptico utilizado para medir el ángulo de elevación de una estrella sobre el horizonte. Estos datos, combinados con la fecha y la hora, permitían calcular la posición del observador en un mapa náutico. Lo mismo que podemos hacer ahora con un GPS y una carta náutica digital.

Miércoles, 21 de diciembre de 2016.-

Tiempo soleado intercalado con nubes y breves
chubascos

Día nº 26 y Día nº 12 de la travesía del Atlántico

Localización: Océano Atlántico hacia el oeste

Posición: Latitud - N 16.7664

                Longitud - W - 44,8985

Hoy el tiempo no era precisamente de postal caribeña.
Las olas no nos dieron tregua ni un solo momento y,
debido a su mayor velocidad en comparación con la
nuestra, siguieron pasando por debajo de nosotros sin
detenerse, a veces elevándonos tanto como para tener
todo el panorama del océano a nuestro alrededor. Por
suerte, las olas, creadas en su mayor parte por el viento
alisio, tienen la misma dirección que las nuestras, por
lo que rara vez sufrimos el balanceo.
Desgraciadamente, cuando estamos encima de una
gran ola y al mismo tiempo el viento, siempre de más
de 20 nudos, golpea los lados de nuestro catamarán con
un gran ángulo respecto a nuestro eje longitudinal,
sufrimos el balanceo. En esas situaciones durante unos
segundos el estómago de todos toma caminos
desconocidos.
Además, hoy hemos tenido, aunque breves, varios
episodios de lluvia.
196

Estas condiciones no sólo hacen realmente difícil afrontar el día, sino que el no poder salir a la calle hace que los días sean realmente sombríos. La única posibilidad que tenemos de pasar el tiempo es dormitar aquí y allá a lo largo del día. Como siempre.

Justo antes de la comida, aprovechando unos minutos de sol, tras un poco de ensayo y error, conseguí hacer algunas fotos de los peces voladores, el único sujeto de esta interminable extensión de azul que nos rodea. No fue fácil tomar buenas fotos debido a los continuos movimientos del barco. Para tomarlas sin arriesgar demasiado, me vi obligado a atarme a una de las pasarelas del barco. Fue igualmente difícil encontrar los mejores parámetros fotográficos para captar a los peces voladores en los pocos segundos de su frenético vuelo. Al final con paciencia e insistiendo con la técnica del ensayo y error conseguí hacer unas cuantas tomas decentes, definidas como tal sólo teniendo en cuenta las dificultades a las que hay que enfrentarse al fotografiar sujetos tan pequeños, en frenético movimiento y desde la embarcación que también está en continuo movimiento. Por la distancia del sujeto y su tamaño en mi réflex tuve que montar el teleobjetivo porque los peces voladores hacen sus saltos al menos a diez metros del barco. Otra cosa obligatoria era establecer un tiempo ultrarrápido para evitar el desenfoque. Al final, después de unas decenas de disparos realizados con mucha paciencia mientras se esperaba un vuelo, las mejores fotos han sido las realizadas con estos parámetros: distancia focal 200mm, tiempo entre T 1/3000 y 1/4000, sensibilidad fijada en 800 asa, disparo fijado en prioridad de apertura "A" entre f 5,6 y f 4. Al principio pensé que el enfoque fijado en el seguimiento de un sujeto en movimiento podría mantener al pez enfocado, pero después de varias tomas me di cuenta de que la velocidad de salto del pez volador era mayor que la velocidad de enfoque de mi cámara, una Nikon D5100 SLR. En ese momento utilicé el enfoque fijo para poder obtener una toma inmediata. Esto me imponía una distancia fija en la que tener el sujeto enfocado. Esta situación me hizo sentir un poco como un tirador al plato. En toda esta difícil condición sólo tenía una ayuda: después de horas y horas de observar el mar ahora sabía que los peces voladores saltan del agua desde delante de la proa cuando el barco se acerca en una zona concreta justo detrás del extremo de la proa y casi todos ellos vuelan en dirección diagonal a la del barco. No he podido hacer otra cosa que tomar un par de cientos de fotos para seleccionar menos de cinco. Pocos, pero todos muy satisfactorios y es lo que lleva a los aficionados a la fotografía a pasar horas y horas con su cámara en la mano (aunque sea sin ataduras como yo).

Uno de los peces voladores que he fotografiado en el Nirvana

Jueves, 22 de diciembre de 2016.-

Cielos nublados con temperaturas en torno a los 26 grados.

Día nº 27 y Día nº 13 de la travesía del Atlántico

Localización: Océano Atlántico hacia el oeste

Posición: Latitud - N 16° 16' 47"

Longitud - W 45° 51' 31"

Anoche calculamos que hay menos de 1000 millas náuticas hasta Martinica, así que es seguro que pasaremos el día 26 en el barco y es muy probable que tampoco lleguemos al día siguiente. Si el día de llegada no es seguro, es el hecho de que después de casi dos semanas de olas y marejadas deberíamos pasar más días a merced del mar. Ayer por la tarde, Jean nos envió un mensaje de texto al teléfono por satélite con la previsión meteorológica para las próximas 72 horas que no prevé nada mejor que lo que ya hemos sufrido hasta ahora.

Con el barco moviéndose continuamente, con desplazamientos de varios metros, nos cuesta ponernos de pie sin que nos salgan magulladuras y el estómago y la cabeza no aguantan más para buscar un nuevo baricentro cada segundo.

Esta tarde, con el objetivo de acortar los tiempos de navegación, aprovechando un viento que nunca superó los 20/22 nudos, izamos el gennaker. Verlo izado en la

200

proa del barco nos produjo a todos una agradable sensación tanto por su bonito color azul como porque con él tenemos mayor velocidad de navegación lo que se traduce en menos tiempo de permanencia en el mar. Mientras los demás estaban ocupados calculando los días y las horas que nos salvará el gennaker, yo disfrutaba de mis puntos hechos por un colchonero. Los primeros instantes me angustié por una posible pérdida dramática de mi agarre, pero cuando vi que la vela se hinchaba de aire y permanecía tensa en su azul me quedé en silencio admirándola. A veces, una gran felicidad y una profunda satisfacción pueden provenir de cosas muy sencillas. Aunque no es un buen nombre para un veterinario, ahora también puedo llamarme "cirujano de velas".

Desgraciadamente, el buen humor de todos sólo pudo durar unos minutos, porque en un momento dado pasó por encima de nosotros una gran nube gris que nos obligó a volver al comedor debido a un fuerte chaparrón. En ese momento nadie dijo nada, pero por los juramentos y las caras de todos está claro que con este tiempo es difícil creer que realmente nos dirigimos al Caribe. Por el momento, lo único de estilo tropical es la temperatura, que no deja de subir. Pero, ¿qué hacer con el calor si todos tenemos que permanecer encerrados en estos pocos metros del comedor? Veremos por la mañana lo que encontramos fuera de los ojos de buey.

Viernes, 23 de diciembre de 2016.-

Tiempo despejado, pero con bruma. Vientos de unos 20 nudos

Día nº 28 y Día nº 14 de la travesía del Atlántico.

Localización: Océano Atlántico hacia el oeste

Posición: Latitud - N 15° 11' 44"

           Longitud - W 48° 07' 17"

Anoche, para romper el aburrimiento y despertar nuestro entumecimiento físico y mental, justo antes de ir a dormir un pez volador de unos treinta centímetros de largo en pleno nado aéreo entró directamente en el comedor pasando por la puerta abierta. Por suerte para él, fui el primero en verlo y con un golpe lo atrapé, y ahora, aunque aterrorizado y tal vez un poco debilitado, debe haber vuelto a nadar en el océano. Por esta vez se escapó de la sartén de Roby. Teniendo en cuenta la forma de torpedo de los peces voladores y la velocidad con la que saltan fuera del agua, todos nos alegramos por su seguridad y la nuestra. Cuando se hace una travesía del Atlántico hay que tener en cuenta también este tipo de encuentros.

Anoche fue el torpe desembarco de un pez volador lo que electrizó el barco, esta mañana el timón nos mantuvo bien despiertos. Roby, después de hacer una comprobación de los sistemas de navegación a raíz de un

202

comportamiento extraño del barco, ha descubierto que sólo tenemos un timón que funciona. Por suerte para nosotros, los catamaranes tienen dos y probablemente el piloto automático tuvo que hacer doble trabajo para mantener el rumbo a pesar de la limitación. Roby, maldiciendo aquí y allá, consiguió arreglar el timón roto en un par de minutos.

Quizá las grandes derivas que habíamos sufrido en los últimos días dependían de la falta del segundo timón. Esperemos que a partir de ahora el estómago sólo se haga oír cuando tenga hambre.

A última hora de la mañana, las olas han ido disminuyendo su altura y ahora por la tarde son escasas las que superan los 2 metros. Esto nos permitió tener un poco más de vitalidad y poder hacer alguna actividad al aire libre. Alguien leyó un libro, otro hizo algún ejercicio para estirarse. Otros, como yo, se tumbaron al sol en la cubierta de popa arrullados por las olas para dormir y broncearse. ¿Cuándo se ha visto a un ayudante de capitán con la piel blanca como la leche?

Al estar cerca de la Navidad, durante la siesta pensé que incluso en un barco en medio del Océano Atlántico sería agradable tener algo de ambiente navideño. También para combatir el aburrimiento, en un par de movimientos en un par de minutos con un poco de imaginación recorté un gran trozo de papel de aluminio y con un poco de cinta adhesiva de papel construí un árbol de Navidad con un montón de bolas que luego fijé al cristal de una ventana del comedor. No soy fan de las fiestas navideñas, pero aquí en medio de la nada sin nada alrededor incluso estas cosas pueden dar placer.

Teniendo en cuenta la situación de aislamiento en la que nos encontramos, sin nada en el horizonte desde hace días, y como tenía a mano cinta adhesiva de papel, di rienda suelta a mi imaginación para crear la ilusión de tener "vecinos". Recorté un pequeño trozo de la cinta y construí un pequeño velero que luego fijé al cristal que protege el asiento del conductor. De esta manera, cuando estás allí durante horas sin ver ningún otro barco alrededor, sólo tienes que mirar esa silueta para que la base coincida con el horizonte y entonces ya no tienes la sensación de estar solo en medio del Océano.

Hoy hace dos semanas que abandonamos la tierra y parece que una travesía por el océano Atlántico después de unos días en el mar también lo hace. A partir de mañana nos distraeremos con la Nochebuena y la Navidad a la espera de llegar pronto a tierra.

Sábado, 24 de diciembre de 2016.-

Cielos despejados, mar con olas de poco más de 2 metros de altura, temperaturas caribeñas

Día nº29 y Día nº 15 de la travesía del Atlántico.

Localización: Océano Atlántico hacia el oeste

Posición: Latitud - N 14,6959

Longitud - W - 53,7975

Hoy es Nochebuena. Sin amigos ni familiares que visitar y sin comidas ni cenas que organizar, pasamos parte del día consultando el GPS del barco y de nuestros teléfonos móviles para calcular las distancias al Caribe y las previsiones de llegada.

Tras algunas discusiones sobre cuáles eran los puntos de referencia correctos para hacer cálculos y mediciones en todas las unidades de medida conocidas, al final de la mañana acordamos que hoy estábamos por debajo de los 1000 km de distancia lineal de Martinica. Alguien ha querido señalar que en realidad aún quedan algo menos de 500 millas náuticas por recorrer. Teniendo en cuenta la velocidad de navegación y la intensidad del viento, que lleva unos días soplando de forma constante a unos 20 nudos, hemos calculado que si las condiciones meteorológicas se mantienen así, podremos llegar a la costa en unos tres días.

El aburrimiento de la mañana a la hora del almuerzo también ha llegado a la cocina. Cuando no te apetece hacer nada, ¿qué mejor que un plato rápido, sencillo y sabroso como los espaguetis ajo, aceite y pimienta? Más de uno pondrá el grito en el cielo ante esto y estoy de acuerdo, pero sólo si se tiene en cuenta lo que se llama la receta "clásica". Mi receta es muy particular, sólo pruébala una vez y luego ya no podrás comer la clásica.

PASTA CON AJO, ACEITE Y PIMIENTA

Ingredientes para 4 personas
400 g de espaguetis
4/6 dientes de ajo, enteros o cortados en trozos según el gusto
Pimienta, entera o molida según el gusto
6 cucharadas de aceite de oliva
Sal

Preparación:
Poner a hervir el agua con sal. Mientras tanto, coger una sartén grande, la más grande que se tenga, verter el aceite, los dientes de ajo enteros y la pimienta y poner a fuego muy lento. Cuando la pimienta comience a oscurecerse, retírela del aceite. Cuando el ajo empiece a dorarse, retirar la sartén del fuego. En cuanto el agua empiece a hervir, verter los espaguetis. Cuando los espaguetis puedan doblarse sin romperse, páselos con un tenedor a la sartén con el aceite y el ajo a fuego fuerte, para que quede el agua de cocción. Verter el agua de cocción sobre los espaguetis en pequeñas dosis para que se cocinen al dente sin que quede agua en la sartén. Servir caliente.

Por la tarde, mientras alguien intentaba dormir y otros miraban el horizonte, recibimos una agradable visita. Un gran cetáceo, de entre ocho y nueve metros de largo, se acercó a nosotros por la popa y empezó a nadar justo detrás del Nirvana. Durante un par de decenas de minutos permaneció a un metro de profundidad, para volver a salir de vez en cuando a respirar. Aunque varias veces pudimos ver claramente parte de su dorso azulado, el espiráculo y la pequeña aleta dorsal sólo los pudimos apreciar durante unos segundos. A partir de estos elementos, pensamos inmediatamente que podría tratarse de una pequeña ballena. Durante un rato no mostró ninguna intención de alejarse ni de acercarse y lo disfrutamos en todo su tamaño. En un momento dado, sin razón aparente, giró sobre sí mismo y luego continuó nadando en esa extraña posición a lo largo del lado izquierdo de nuestro barco. Con el vientre girado hacia nosotros, su aleta pectoral blanca era claramente visible, tocando la superficie del mar y destacando sobre el agua azul y la sombra oscura de su cuerpo. Después de nadar así durante unos minutos, hizo otra rotación hasta quedar panza arriba, que, al igual que sus aletas pectorales, era de un tono muy claro. Permaneciendo en esta inusual posición, pasó lentamente por debajo de nuestro catamarán y luego alcanzó la superficie del agua en el lado opuesto. Después de un par de respiraciones con unas cuantas brazadas de la cola desapareció en el océano azul dejándonos contemplar el vacío durante varios minutos. Este comportamiento de una parte nos ha dificultado verlo bien y por tanto reconocer de qué especie de ballena se trataba, pero al mismo tiempo este extraño comportamiento asociado al tonelaje, a la forma del cuerpo y al color y no menos por la zona en la que nos encontramos nos ha hecho proponer que podría ser una ballena menor. Desgraciadamente a pesar de la proximidad no me ha sido posible fotografiarlo ya que durante la mayor parte del tiempo ha permanecido bajo la superficie del agua por lo que nuestra identificación ha de considerarse sólo presunta.

Cuando es adulto alcanza los 9 metros de longitud con un peso de 5 toneladas, tiene un hocico estrecho. Vive en todo el hemisferio norte. Se informa de que algunos individuos son especialmente curiosos al venir a poner la cabeza por encima del agua para echar un vistazo más allá de su mundo.

Desgraciadamente, el rorcual aliblanco sigue siendo objeto de caza comercial. Tal vez algún día bajo su árbol de Navidad tengan la prohibición de su caza. Esperemos que esto ocurra pronto, el mar sin estas criaturas nunca sería lo mismo.

Domingo, 25 de diciembre de 2016.-

Día soleado con un viento de 20 nudós del este.

Día nº30 y Día nº 16 de la travesía del Atlántico.

Localización: Océano Atlántico hacia el oeste

Posición: Latitud - N 14° 38' 15"

Longitud - W 55° 36' 26"

Hoy es Navidad y hoy hace también un mes que estamos navegando.

Nada más despertarnos, después de muchos (demasiados) días, nos encontramos con un día precioso, el cielo tenía muy pocas nubes, el viento estaba por debajo de los 20 nudos y por fin las olas habían bajado de los 2 metros.

Consultando las coordenadas dadas por el GPS, calculamos que aún quedan unas 300 millas náuticas para llegar a Martinica. A estas alturas, calcular la distancia a tierra se está convirtiendo en un hábito matutino para muchos de nosotros.

A última hora de la mañana, mientras los demás disfrutaban del hermoso día y de un barco por fin habitable en pleno relax aquí y allá desparramados por la cubierta, yo intentaba hacer lo mismo, pero al tener que hacer la guardia con un ojo me quedaba adormilado mientras con el otro seguía revisando la instrumentación y el horizonte sentado detrás del timón. Cuando a estas

210

alturas la relajación se deslizaba hacia el aburrimiento y yo me debatía entre la pesadez de párpados y la boca que se hacía agua ante la idea de poder cortar el panettone que, comprado en Francia, había llegado milagrosamente indemne hasta Navidad, se oyó una fuerte explosión en el ambiente.

Cuando miré hacia arriba, donde estaba la gran sombra azul del gennaker, por un momento vi algo revoloteando hacia la proa y luego sólo el mar.

Todo el mundo corrió inmediatamente a la cubierta de proa y allí encontramos el gennaker medio colgando en el agua más allá de la banda de babor. Roby comprendió lo crítico de la situación e inmediatamente se dirigió a los controles, encendió los motores y desactivó el piloto automático. Mientras tanto, Jaime y yo nos lanzamos literalmente sobre el gennaker y empezamos a sacarlo del agua mientras los demás se aseguraban de que la parte que quedaba fuera del agua no se inflara de aire y causara problemas de ingobernabilidad.

Sólo después de mucho esfuerzo, gritos lanzados para intercambiar direcciones para evitar que la vela o sus copas llegaran a las hélices y muchas olas tomadas en la cara al final todos empapados hemos conseguido meter la vela dentro del armario de proa. Mientras lo guardábamos, lo examinamos para tratar de entender dónde y qué se había roto. Parece que los violentos tirones del fuerte viento que nos acompañó durante toda la travesía han hecho mella en la gran anilla que une la vela al tope en el mástil de los movimientos tales como serrar las grandes cintas de fijación estructural de la vela. Semejante daño, a decir verdad inesperado para una vela nueva, aunque en un taller especializado sea reparable con unos cientos de euros, lamentablemente hace que el gennaker no sea reparable a bordo.

Esto significa que tendremos que avanzar utilizando sólo el génova y, por lo tanto, ya no podremos tener la velocidad que teníamos antes. Sin que nadie lo diga verbalmente, todos sabemos que este incidente provocará un viaje más largo. Ahora, la fecha prevista para nuestra llegada ya no es el 26 por la noche, ni siquiera el 27 por la mañana, como todos preveíamos y esperábamos antes de que se rompiera el gennaker.

Al parecer, en el mar, por mucha experiencia que se tenga, no se pueden hacer predicciones precisas porque hay sorpresas detrás de cada ola.

Justo antes del almuerzo, cuando estábamos dudando entre lavarnos y cambiarnos o ir a comer como estábamos, recibimos la visita de un grupo de delfines. En un instante el casco de estribor estaba rodeado de delfines que avanzaban a la misma velocidad que nosotros para dar varios saltos fuera del agua. Poco después se colocaron delante de los arcos, y tras dar más saltos, como es su costumbre, en un momento desaparecieron.

Incluso cuando todo alrededor parece uniformemente azul, el mar siempre puede ofrecer sorpresas. No menos impresionante fue lo que sintieron los demás cuando Giulia y yo, aprovechando el hermoso día y el ambiente festivo, izamos una gran bandera negra con una calavera y dos huesos cruzados, gritando:

"Como piratas y ya que al dueño se le ha ocurrido dejarnos solos en medio del océano tomamos posesión del barco".

Aprovechando el desconcierto momentáneo de los demás, nos hicimos literalmente con él para hacer fotos de toda la tripulación con el tema "Piratas del Caribe", incluido el capitán, que como jefe de la tripulación llevaba un parche negro en el ojo.

El buen tiempo de la mañana nos hizo esperar una nueva mejora de la meteorología que podría habernos ofrecido otro medio día de mar en calma y poco viento, pero por la tarde el viento volvió a superar los 20 nudos y las olas empezaron a sacudir el barco como lo vienen haciendo desde hace tres semanas. Con semejante mar nuestros planes de hacer snorkel en medio del Océano Atlántico naufragaron como el Titanic frente a su iceberg. Al parecer, los trajes de neopreno, la máscara, las aletas y el tubo de buceo que trajimos a bordo sólo sirven para disfrutar del mar del Caribe frente a la costa.

NOTA DE ROPA número 4#4

QUÉ LLEVAR EN UN BARCO DE VELA EN LAS ZONAS
DEL CARIBE

Ahora estamos cerca del Caribe y las temperaturas son
lo que llamaríamos verano en Italia. Desde hace unos
días, tanto de día como de noche, andamos descalzos al
entrar y salir del barco, con bermudas y camisetas. En
cuanto a la ropa, en una situación como ésta, hay que
procurar tener más de una muda porque por
imprevistos, como el que nos ha ocurrido esta mañana,
o por el aumento de nuestra actividad en el exterior o por
la lluvia recurrente de los últimos días, nos hemos
encontrado muchas veces empapados. Por estas razones
se recomienda la ropa de microfibra que protege el
cuerpo de los rayos UV y se seca rápidamente.

Lunes, 26 de diciembre de 2016.-

Día soleado

Día n° 31 y Día n°17 de la travesía del Atlántico

Localización: Océano Atlántico hacia el oeste

Posición: Latitud - N 14.6291

Longitud - W - 55.7943

Incluso hoy, después de más de 2 semanas en el mar con olas de más de 3 metros de altura, seguimos teniendo mares agitados de grado 6. No podemos soportarlo más. Estamos agotados y no podemos esperar a ver la tierra para poner los pies en ella aunque sólo sea para tener una cama firme y poder dormir más de un par de horas seguidas.

De momento seguimos teniendo única y exclusivamente el mar a nuestro alrededor.

Con el acercamiento al Caribe sólo han cambiado un par de cosas: en el mar los sargazos son cada vez más abundantes y cuando pasa el barco, los peces voladores que huyen son ahora muchos y se mueven en grupo y no solos como antes. Además, los peces voladores son evidentemente más pequeños que los que habíamos visto hasta ahora. Al no poder observarlos de cerca y con calma durante unos días, me asaltó la duda de si se trataba de una especie diferente o si el menor tamaño podría depender del hecho de que al acercarnos a tierra el medio marino se había vuelto más adecuado para los juveniles. Sólo después de examinar uno de los pequeños peces voladores que se habían quedado secos en la cubierta del catamarán durante la noche, pude ver que su coloración era diferente a la de los peces voladores más grandes. Su dorso ya no es azul con el abdomen blanco, sino que es de color ámbar, con anchas bandas verticales del mismo color que se extienden hasta sus lados de color blanco lechoso. Con una breve investigación descubrí que son las formas juveniles de los mismos peces voladores que hemos visto hasta ahora, por lo que siempre pertenecen a la familia Exocoetidae.

Otra consecuencia del acercamiento a la tierra es el hecho de que a lo largo del día de hoy, de forma regular y no esporádica como antes, hemos visto pequeños grupos de aves en el cielo. Son grandes y tienen alas largas. Son de color blanco con algunas manchas negras. Por su aspecto podemos deducir que son alcatraces.

Es interesante ver cómo el mar que nos rodea, aparentemente siempre igual, en realidad va cambiando poco a poco.

Martes, 27 de diciembre de 2016.-

Día soleado con viento cálido

Día nº 32 y Día nº 18 de la travesía del Atlántico.

Fin de la travesía y primer día en el Caribe

Localización: Océano Atlántico en dirección oeste, a la vista de la isla de Martinica

Posición: Latitud - N 14° 22' 71"

Longitud - W 60° 35' 24"

Tierra. Después de un día de letargo general, a eso de las cuatro de la tarde surgió de nuestro barco un grito claro y repetido: "Ahí está. Ahí está...". No tardamos en darnos cuenta de que habíamos llegado a la vista de la tierra. Al salir a toda prisa, la isla de Martinica se nos presentó justo por encima de la línea del horizonte. En ese momento, en la dirección de la proa sólo aparecía como una línea etérea de color azul oscuro en un horizonte azul claro. Visto con prismáticos, aunque envuelto en la niebla, pudimos confirmar que se trataba de la isla de Martinica por la inconfundible forma cónica del Monte Pelé, un volcán actualmente inactivo.

Ver la isla de Martinica por delante nos sorprendió de algún modo, aunque no fuera realmente una sorpresa. Como siempre, por la mañana habíamos consultado varias veces el GPS y los mapas de a bordo para que todos supiéramos dónde estábamos y, en consecuencia, esperábamos que tarde o temprano apareciera la tierra en el horizonte. En cualquier caso, en esa vista el entusiasmo de todos era igualmente enorme.

Tras esta larga travesía, aunque nunca tuvimos verdaderas urgencias, volver a ver la tierra, nuestro elemento natural, nos infundió una gran felicidad y emoción. Si nosotros experimentamos estas hermosas sensaciones, sólo puedo imaginar lo que debió ser para Cristóbal Colón y su tripulación ver tierra, aunque fuera de hecho muy diferente a lo que esperaban.

Después de esta larga experiencia oceánica puedo decir que realmente hizo algo increíble. Cristóbal Colón, además de ser el primero en navegar por la ruta del oeste, en contra de todas las opiniones negativas de sus contemporáneos, tuvo que emprender esa hazaña sin que ninguno de sus tripulantes tuviera la más mínima experiencia en esa ruta. En algunos aspectos era un poco como nosotros. Él, al ser el primero, naturalmente no tenía los mapas del mar y de las costas hacia las que navegaba y ni siquiera tenía los instrumentos de navegación que tenemos nosotros. Tampoco sabía cuántos días tendría que navegar para volver a ver tierra, y por supuesto no tenía un GPS, aunque en ese momento, utilizando el sextante, podían obtener información sobre la posición geográfica. A nosotros el GPS y sus mapas electrónicos nos permitieron siempre saber con precisión dónde estábamos y en qué dirección íbamos, pero como él hicimos toda la travesía sin radar.

Esta situación nos obligó a navegar controlando nuestro perímetro a la vista, exactamente como lo hizo aquel gran navegante. Este es otro motivo de la gran satisfacción que sentimos. Y ahora, después de haber vivido esta experiencia, aunque de forma mucho más cómoda y segura que la que vivió Cristóbal Colón, nuestra admiración por lo que hicieron el genovés y toda su tripulación es enorme.

Después de recuperarnos de la emoción del avistamiento de la tierra primero hicimos un brindis con un champán guardado en la nevera sólo para la ocasión y enseguida nos lanzamos a predecir cuántas horas serían necesarias para llegar a la costa. Aunque la isla de Martinica parecía estar cerca, nadie se hacía ilusiones de que llegaríamos a su costa en poco tiempo, ya que navegábamos entre 5 y 7 nudos.

Tras comprobar que tendríamos que esperar varias horas más antes de pisar tierra firme y, por lo tanto, poder dormir una noche entera sin tener que hacer turnos de guardia y sin tener que experimentar la desagradable sensación de sentir que faltaba el colchón bajo la espalda por el paso de alguna gran ola, todos permanecimos en la cubierta de proa con una ansiosa expectación.

Tras la euforia inicial, se hizo el silencio a bordo y, aunque nadie dijo nada al respecto, creo que todos intentaban comprender que en pocas horas esta increíble y emocionante aventura se acabaría. Esto no sólo significaría el fin de las incomodidades a bordo, sino también que a partir de ahora todos podríamos decir que habíamos atravesado el Océano Atlántico empujados por el viento.

Aparentemente es cierto. Lo hemos conseguido.

Con la tierra en el horizonte es fácil decir eso, pero, aunque no lo pensara, aparentemente no es fácil darse cuenta y ser realmente consciente de lo que hemos hecho y quién sabe cuánto tiempo tardaremos en hacerlo.

Navegando cada vez más despacio debido a la ralentización del viento alisio cerca de la costa, a pesar de nuestro afán por tocar tierra sólo poco antes del anochecer conseguimos entrar en una gran ensenada del sur de Martinica.

Con la extinción de los motores ha terminado definitivamente nuestra travesía del Océano Atlántico en velero y desde hoy han comenzado nuestras vacaciones terrestres del Caribe.

Calculando desde Canarias, tardamos 18 días en cruzar el Océano Atlántico. Para los entusiastas de la navegación puedo decir que fue una duración media.

Algunos, con barcos similares, tardan incluso 2 o 3 días menos, otros muchos más días si tienen la "suerte" de no tener siempre e ininterrumpidamente un fuerte viento de popa que les empuje sobre olas de más de 4 metros de altura.

Buscamos cuidadosamente un rincón tranquilo donde no hubiera la menor ola y encontramos lo que necesitábamos al final de la ensenada. Cuando ya teníamos que echar el ancla para terminar nuestro increíble día, tuvimos la última sorpresa. En el momento de soltar el ancla y su cadena, el molinete no quiso saber cómo funcionar. Este último contratiempo nos obligó a remangarnos una vez más. Al parecer, la navegación es una fuente constante de sorpresas hasta el último segundo. Afortunadamente, como ha sucedido durante toda la travesía, nadie se desanimó y, a pesar del cansancio, de una u otra manera, todos participaron activamente en la preparación del ancla de reserva y en su bajada al agua.

Aunque el viento y el mar nunca nos dieron paz, poniendo a prueba nuestra resistencia física y mental, afortunadamente, como en esta última ocasión, puedo decir que todos tuvimos la suerte de formar parte de una tripulación que siempre cooperó activamente y utilizó su paciencia y comprensión para asegurar una convivencia pacífica. No todo ha sido siempre idílico, pero se engañan quienes creen que seis desconocidos pueden vivir en los escasos metros cuadrados de un velero sin el menor roce. Lo importante, en un barco como en la vida, es desahogarse, de las maneras adecuadas, para no acumular tensiones, sino encontrar inmediatamente después el acuerdo adecuado para una convivencia serena y esta ha sido nuestra situación.

Por eso también el sueño de esta noche se disfrutará al máximo.

Miércoles, 28 de diciembre de 2016.-

Cielo despejado con temperaturas "italianas" de finales de primavera con breves chubascos

Día nº 2 en el Caribe

Localización: Martinica, le Maren

Posición: Latitud - N 14 27 876

Longitud - W 60 52 492

Como era de esperar, después de tantas semanas en el mar pudimos dormir sin tener que despertarnos por la noche para hacer turnos, sin que nos golpeáramos aquí y allá y sin que nos salieran moretones.

Casi había olvidado la agradable sensación que puede dar una cama firme. Si entonces, cuando estás tumbado en ella, te arrullan los movimientos del mar de una plácida laguna, no querrás levantarte nunca. Hoy sólo sabiendo que a nuestro alrededor está el plácido mar del Caribe he conseguido encontrar fuerzas para sacar los pies de la cama.

Si el deseo era dormir en paz, se me concedía inmediatamente. Si el deseo era también poder dormir toda la noche, tendré que esperar. Al parecer, poder dormir toda la noche no ocurrirá hasta dentro de unos días. Como probablemente ocurrirá en las próximas noches, a pesar de que nuestros turnos de control han terminado, mi reloj biológico, después de haber estado hambriento durante más de un mes para despertarse a las 2:40 am para el turno de las 3 am, anoche a la misma hora me mantuvo despierto durante casi una hora. Todavía no tengo plena conciencia de haber llegado en velero al otro lado del océano Atlántico, pero espero sinceramente que mi reloj biológico lo consiga antes que yo.

Teniendo en cuenta mi dificultad, igual a la de todos los demás a bordo por lo que me han confesado, para darme cuenta de dónde estamos, ¿cuál es la mejor manera de tomar conciencia de ello si no es dándose un chapuzón en las cálidas aguas del Caribe, más aún después de haber visto tanto mar sin poder entrar en él?

Giulia y yo nos pusimos el bañador y cogimos las máscaras y las aletas, con los ojos aún medio dormidos y el sabor de un café bebido a toda prisa en la boca, nos lanzamos al agua.

La sensación de calor era agradable, pero como buenos sharmenses habríamos preferido un mar aún más cálido. Con el afán de tocar la tierra y no menos de calentarnos hemos comenzado inmediatamente a nadar hacia la tierra para llegar a la playa cercana y así poder tocar con la mano y los pies el destino de nuestro viaje.

Llegados a la playa, como los noveles Cristóforo y Cristófora, no nos pareció cierto tener algo firme bajo los pies. No llegamos a marearnos, pero la sensación fue igualmente extraña. Lo extraño no era sólo lo que teníamos bajo nuestros pies, que estaba extrañamente demasiado quieto para nuestro laberinto y todo lo demás en nuestro sistema de equilibrio, sino que los colores que nos rodeaban también eran extraños. Después de tantas semanas en medio del mar, al mirar a su alrededor parecía extraño ver algo que no fuera azul. Más allá de la playa todo era exuberantemente verde. Sin duda, estábamos en el Caribe. Donde el mar terminaba la hierba, las plantas y los árboles se habían apoderado de todos los rincones de la tierra. Para los que vienen de una zona desértica, una vista así es capaz de dejarles sin aliento. Esto es posible aquí porque no sólo hace calor, hoy la temperatura era de 27/28 grados, sino que, especialmente por la noche, llueve con frecuencia. Durante el día sólo llueve durante unos minutos, pero por la noche llueve casi continuamente como anoche.

Aquí en el Caribe hay un clima que nos recuerda mucho al que podríamos tener en un invernadero en Italia.

Después de explorar un pequeño trozo de playa, como amantes del mar, Giulia y yo nos pusimos de nuevo las máscaras, las aletas y el tubo para ir a explorar las profundidades.

Tras unos minutos nadando en la superficie del agua, nos dimos cuenta de que el mar parece haberse adaptado a este clima. El agua es verdosa y ofrece una visibilidad que no supera los dos o tres metros. Probablemente este color se deba a la abundancia de fitoplancton por las características ambientales y climáticas. Además, parece que este tipo de entorno marino limita la proliferación del coral. Por otro lado, el fondo rocoso está lleno de esponjas de diversas formas y colores y de algas y plantas acuáticas. Aunque este mar, al igual que el Mar Rojo, es un mar tropical, los dos ecosistemas son muy diferentes. En cuanto a Nirvana, ni siquiera esta mañana ha dejado de sorprendernos. Al volver del baño echamos un vistazo al molinete del ancla y descubrimos que su no funcionamiento se debía a la rotura de un componente electrónico no fácil de encontrar. También descubrimos que la batería del motor fuera de borda de la embarcación estaba descargado, el motor fuera de borda no tenía aceite, su brazo se había oxidado tanto que sólo permitía pequeños movimientos y, por último, descubrimos que la cerradura de la llave de arranque estaba bloqueada.

Si en el diario he dicho a menudo que el mar era una fuente de continuas sorpresas, nuestro catamarán se adaptó y no quiso ser superado.

Para celebrar nuestro desembarco y olvidar las últimas sorpresas del día, por la noche cenamos en el suelo inmóvil de un restaurante pizzería en Le Marin, en la costa sur de Martinica. Yo, olvidando dónde estábamos,

226

pedí una pizza. Aunque ahora sé que pueden hacer buenas pizzas en otras partes del mundo también sé que cuando estás en la mesa con amigos con los que has compartido tantas emociones bonitas la calidad de la comida no es importante para seguir bromeando y riendo, pensando en lo que hemos pasado.

Esta travesía del Océano Atlántico ha sido sin duda una aventura increíble. Lo recomiendo y ahora ya sabe a lo que se pueden enfrentar.

In culo *alla balena* a todos los futuros "Cristofori".

Con esta última nota termina mi DIARIO DE A BORDO de esta increíble aventura.

En él he relatado no sólo todo lo que ha sucedido diariamente durante esta travesía del Océano Atlántico, desde sus prolegómenos y la preparación hasta el último día de travesía, sino también todo lo que he aprendido, lo que he estudiado, lo que he descubierto, lo que he leído y lo que me ha enseñado quien era más competente y experto que yo. Por supuesto, no he dejado de relatar las sensaciones particulares que sentí durante esta experiencia tan especial para intentar que se sumerjan en lo que ocurrió en el barco y fuera de él día tras día.

He querido escribir este diario con la intención de explicar a qué se pueden enfrentar quienes decidan hacer una experiencia similar.

Las consideraciones sobre mis relatos deberán tener en cuenta que este fue el diario de mi travesía y ciertamente fue y será diferente al de cualquier otra persona. Esto es consecuencia de los gustos, de cómo se decide afrontar un viaje así y de las muchas variables que pueden ocurrir a bordo y que pueden afectar a una experiencia larga y particular como ésta.

Antes de dejaros con la lectura de un práctico diccionario náutico que sugiero consultar a quien, como aspirante a navegante, esté planeando hacer un viaje similar al mío, os desvelo una última cosa que dejé sin decir en una de las notas diarias.

A mitad de mi diario había expresado una duda sobre el efecto de una travesía oceánica en la forma física, es decir, si después de tantas semanas a bordo de un velero se perdería peso debido a la falta de apetito y al continuo movimiento relacionado con lo que hace el barco las 24 horas del día o si se ganaría peso debido a la poca actividad posible a bordo y a las constantes burlas debidas al inevitable aburrimiento a bordo. Ahora sé lo que ocurre en ese sentido después de más de un mes de navegación: se pierde peso. Al parecer, la disminución del apetito y no menos el continuo movimiento del cuerpo que se hace sin parar para mantenerse equilibrado tienen un mayor efecto sobre el mordisqueo constante debido al aburrimiento.

Esa es otra buena razón para hacer un viaje en barco por el Atlántico. Y pensar que algunas personas se complican la vida para perder peso haciendo dietas de adelgazamiento o apuntándose a un gimnasio.

DICCIONARIO NÁUTICO ESENCIAL PARA LOS ASPIRANTES A NAVEGANTES

ACHICAR: extraer el agua de la embarcación.

ADUJA: cada uno de los pliegues que forma una vela después de enrollada.

ADUJAR: recoger una vela en adujas para que ocupe menos lugar, o no estorbe ni se enrede.

AMURADO A ESTRIBOR - navegar con el viento que viene del lado derecho del barco.

AMURADO A BABOR- Navega con el viento que viene del lado izquierdo del barco.

ARRIBAR: maniobrar para que la proa se aleje del eje del viento. Es la maniobra contraria a orzar.

ARRIAR - arriar una vela o bandera hacia abajo

AS DE GUÍA: nudo náutico que no se desliza, no se desata y se puede desatar sin dificultad.

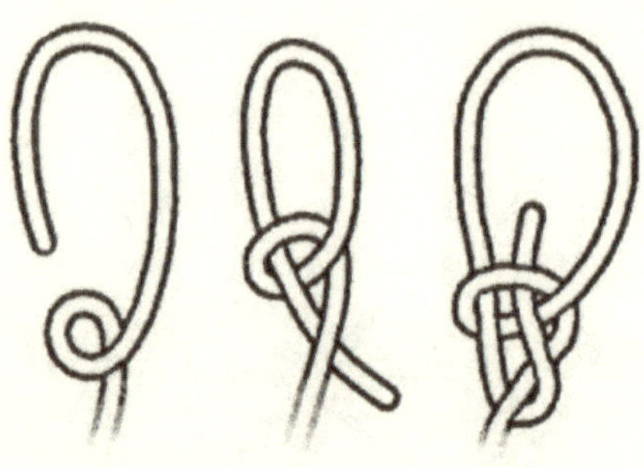

Quien se sube a un barco no puede evitar aprender a atar nudo as de guía, el nudo más útil a bordo de todos los nudos, la reina de los nudos. Este nudo, también conocido como nudo bulin, nudo de pescador, as de guía de escalador, etc. Es un nudo de ojal que puede aprender a atar en pocos minutos, quizás con la ayuda del dibujo que aparece a continuación. Este nudo tiene la característica de no apretar y al mismo tiempo no resbalar y puede desatarse fácilmente incluso cuando la cuerda está mojada.

BABOR: banda del barco que queda a la izquierda mirando hacia proa.

232

BARCO: Una nave de más de 24 metros de eslora. Los de entre 10 y 24 metros se denominan EMBARCACIÓN. Los de menos de 10 metros se denominan BOTE.

BARLOVENTO: la dirección del barco con respecto a la dirección del viento.

BITTA O GALLOCCIA: columna de hierro en forma de seta o T que sirve para envolver las cuerdas.

BOGAR: mover los remos en el agua para hacer avanzar una embarcación.

BOLINA: marcha que realiza un barco de vela cuando intenta remontar el viento en un ángulo de entre 40 y 70 grados.

BONANZA: falta total de viento

BORDA: cubierta de un barco.

BOTAR: Mover el barco hacia el agua.

BOTAVARA: viga fijada al mástil con un pasador, llamado TROZZA, que sostiene la vela mayor.

BOYA: objeto flotante, BOYITA en su versión pequeña

BUGLIOLO: un simple cubo a bordo.

CABECEO: movimiento rítmico de oscilación transversal del barco a lo largo de su eje longitudinal.

CABOS: término que se refiere a las cuerdas a bordo.

CABRESTANTE: guinche especial para embarcaciones que se utiliza para tirar de los cabos con fuerza. Puede ser manual o motorizada.

CADENOTE: placa de acero fijada a los mamparos del casco en la que se conectan los obenques y el estay (cables de acero) y que tiene la función de sostener el mástil.

CALADO: profundidad de la embarcación. Es la máxima dimensión sumergida del casco medida verticalmente, sin contar el timón, la orza, las colas de los motores y otros apéndices similares.

CAPEAR: marcha que le permite mantener una velocidad muy baja para hacer frente al mar agitado.

CASCO: cuerpo principal de un buque. Parte que flota en el agua y que tiene una forma especial para que, además de flotar, no se tumbe a un lado y se mantenga derecho o adrizado.

CIAR: BOGAR al revés, lo que se traduce en un impulso de la embarcación hacia atrás. En un buque de propulsión mecánica invertir el giro normal de las hélices con el fin de que cobre arrancada hacia atrás o detener lo que pudiera llevar avante.

CREW: término que indica la tripulación.

CRUZ, CRUCETA: brazos perpendiculares al mástil, colocados a varias alturas (órdenes) que dan resistencia al mástil

DERIVA: separación o desplazamiento de la derrota del barco, producida por la corriente. Aunque es lo mismo que abatimiento, en general se aplica cuando este efecto es producido por una corriente. Plano de deriva, es la posición sumergida del plano longitudinal del buque.

ESCORAR: virada violenta al final de la cual el barco tiene el mástil en el agua.

ESCOTA: cabo utilizado para ajustar las velas. Los marineros de los siglos anteriores llamaban así a todas las cuerdas que llevaban a bordo porque cuando se les escapaban de las manos les provocaban abrasiones similares a las quemaduras.

ESPICHE: Estaquilla de madera en forma de punta, usada para tapar los agujeros dejados por la clavazón, o de mayores dimensiones que sirve para tapar el agujero de los fondos de un bote

ESLORA: longitud total de las embarcaciones incluyendo sus apéndices.

ESTAY DE POPA. Cable que une la parte superior del mástil con la popa del barco y cuya función es la sujeción de éste y el control de su inclinación.

ESTAY DE PROA. Cable que une la parte superior del mástil con la proa del barco, cuya misión es evitar el desplazamiento del mástil hacia popa.

ESTELA: rastro espumoso que deja en el agua una embarcación en movimiento.

ESTRIBOR: derecho en la jerga náutica.

FOQUE: vela de proa de forma triangular más pequeña que el génova

GABINETE: compartimento de una embarcación donde se guardan diversos objetos

GENNAKER: vela asimétrica de proa más pequeña que el spinnaker que se utiliza con el viento en la popa.

GENOA: vela triangular de proa más grande que el foque.

GRAN LASCO: marcha a vela en la que el viento viene casi de popa. Ángulo de incidencia entre la dirección del viento y el barco entre 160° y 175°.

GUIÑADA: fuerte balanceo debido a la marcha de popa, cuando hay movimiento ondulatorio.

IZAR: subir una vela o una bandera.

LASCAR: Dejar ir, aflojar o arriar un poco un cabo, cable o cadena que esté trabajando.

MANGA: el punto de máxima anchura de un barco.

MEDIO MARINO: una caña con un anzuelo que puede utilizarse para recuperar algo en el agua.

NUDO: unidad de medida de la velocidad de navegación que corresponde a una milla náutica por hora.

OBENQUE: cabo grueso que sujeta el extremo más alto de un palo o de un mastelero a los costados de la nave.

OBRA MUERTA: superficie del barco por encima de la línea de flotación.

OBRA VIVA: la distancia entre la línea de flotación y el punto más bajo de la quilla.

ORZAR: gobernar para reducir el ángulo de incidencia del viento respecto al rumbo de la embarcación.

PARABORDO: globos utilizados para amortiguar el contacto con otros barcos o muelles.

PROA: el extremo delantero del casco.

PUÑO DE AMURA: extremo inferior de la vela que forma ángulo con el mástil y la botavara.

QUILLA: viga que va de proa a popa de la que parten las ordenadas (una especie de costillas que constituyen la estructura y permiten la fijación del entablado). CASCO: la parte trasera del casco.

RUEDA: adminículo con el que se acciona el timón.

RUTA: dirección a lo largo de la cual un barco se mueve para alcanzar un punto deseado.

SASOLA: recipiente de plástico con forma de pala que se utiliza para sacar (achicar) el agua del barco.

SOGA: cuerda de pequeño diámetro.

SENTINA: parte interior del casco por debajo del suelo de una embarcación.

SKIPPER: capitán de una embarcación de recreo.

SLOOP: velero de un solo palo capaz de llevar vela mayor y foque.

SPINNAKER: vela de proa de mayor tamaño que el gennaker utilizada para el viento de popa.

STAY O ESTAY: cable metálico que sujeta el mástil a la proa y permite orzar (fijar) el génova o el foque.

TAGÓN: barra colocada horizontalmente a proa del palo, que trabaja como un brazo que abre y aleja los puños de velas de proa (génova y spinnaker) y permite aprovechar mejor el viento en rumbos portantes (cuando el viento viene de popa).

TIMÓN: órgano de maniobra del barco

TRASLUCHAR: cambiar de dirección dejando que el viento tome el nuevo rumbo.

TROZZA: articulación que permite que la BOTAVARA cambie su orientación con respecto al mástil.

TURBONADA: aumento violento y repentino de la velocidad del viento de corta duración.

TRENZADO: los distintos hilos que componen un cabo.

VIRAR: cambiar la virada acercando la proa al viento (orzando).

VELA MAYOR: vela de forma triangular izada al mástil y mantenida abierta por la botavara.

SUMARIO